PSIQUE E IMAGEM

Assessoria: Dr. Walter Boechat

Veja todos os livros da coleção em
livrariavozes.com.br/colecoes/reflexoes-junguianas
ou pelo Qr Code

Dados Internacionais de Catalogação na Publicação (CIP)
(Câmara Brasileira do Livro, SP, Brasil)

Barcellos, Gustavo
  Psique e imagem : estudos de psicologia arquetípica /
Gustavo Barcellos. – Petrópolis, RJ : Vozes, 2012. –
(Coleção Reflexões Junguianas)

  Bibliografia.

  8ª reimpressão, 2025.

  ISBN 978-85-326-4378-0

  1. Arquétipo (Psicologia) 2. Psicologia junguiana 3. Psicoterapia
4. Imagem (Psicologia) I. Título. II. Série.

11-07366　　　　　　　　　　　　　　　　　　　　　CDD-154.63

Índices para catálogo sistemático:
1. Sonhos : Interpretação : Psicologia junguiana   154.63

Gustavo Barcellos

PSIQUE E IMAGEM
Estudos de psicologia arquetípica

EDITORA VOZES

Petrópolis

© 2012, Editora Vozes Ltda.
Rua Frei Luís, 100
25689-900 Petrópolis, RJ
www.vozes.com.br
Brasil

Todos os direitos reservados. Nenhuma parte desta obra poderá ser reproduzida ou transmitida por qualquer forma e/ou quaisquer meios (eletrônico ou mecânico, incluindo fotocópia e gravação) ou arquivada em qualquer sistema ou banco de dados sem permissão escrita da editora.

CONSELHO EDITORIAL

Diretor
Volney J. Berkenbrock

Editores
Aline dos Santos Carneiro
Edrian Josué Pasini
Marilac Loraine Oleniki
Welder Lancieri Marchini

Conselheiros
Elói Dionísio Piva
Francisco Morás
Teobaldo Heidemann
Thiago Alexandre Hayakawa

Secretário executivo
Leonardo A.R.T. dos Santos

PRODUÇÃO EDITORIAL

Anna Catharina Miranda
Eric Parrot
Jailson Scota
Marcelo Telles
Mirela de Oliveira
Natália França
Priscilla A.F. Alves
Rafael de Oliveira
Samuel Rezende
Verônica M. Guedes

Editoração: Maria da Conceição B. de Sousa
Diagramação: Sheilandre Desenv. Gráfico
Capa: Omar Santos
Ilustração de capa: Mandala produzida por uma paciente de Jung e reproduzida por ele em *Os arquétipos e o inconsciente coletivo*, vol. 9/1 da Obra Completa. 5. ed. Petrópolis: Vozes, 2007, p. 341, nota 182.

ISBN 978-85-326-4378-0

Este livro foi composto e impresso pela Editora Vozes Ltda.

These carols sung to cheer my passage through the world I see,
For completion I dedicate to the Invisible World.
Walt Whitman

Sumário

Nota introdutória, 9
1 Imaginando o trabalho, 11
  I. A imaginação do trabalho, 11
  II. A noção de trabalho na psicoterapia analítica, 16
  III. As mãos, 20
2 A alma do consumo, 22
3 As emoções e a mente, 34
4 Perversões, taras e outras observações amorosas, 41
5 Psicoterapia, o Mito de filomela e uma cena de Eliot, 54
6 Tempo, alma, eternidade, 65
7 Psique e imagem, 79
  I. *Anima,* 79
  II. Imagem, 87
  III. Mitos da análise, 98
Referências, 107

Nota introdutória

Os capítulos seguintes foram escritos para diversas ocasiões e em diferentes momentos. Juntos, elaboram reflexões em torno das relações entre a psicologia originada com C.G. Jung, trabalho analítico e aspectos culturais do que se chama hoje, não sem alguma pompa, de contemporaneidade. Põem em exame as imagens e o sentido que a psique cria nas condições específicas tratadas em suas páginas: o problema do consumo, questões do trabalho, faces obscuras do amor e das emoções, a psicoterapia focada na imagem. A abordagem da psicologia arquetípica, com sua fina sensibilidade para o mito, a linguagem e a clínica, fornece para mim aqui a perspectiva necessária ao aprofundamento dessas questões.

Parafraseando uma amiga que o disse com respeito a Chagall, T.S. Eliot foi o meu "primeiro terapeuta". Vim tentando, ao longo dos anos de estudo, tanto absorver a riqueza de sua poesia quanto homenageá-la em algumas oportunidades. Aqui se encontram duas dessas tentativas, talvez as de menor fracasso. Resumem palidamente o tanto que sua inspiração me ofereceu de analogias válidas para entender a arte e o trabalho da psicoterapia.

O grande vulto a se erguer por trás desses capítulos é, no entanto, James Hillman. A ele devemos a articulação até hoje mais avançada da psicologia junguiana, que recebe o nome de psicologia arquetípica. Com sua morte em 2011, seu trabalho está completo. Devo a esse seu imenso trabalho as reflexões que se esboçam nos capítulos deste livro. O último deles é minha tentativa de compreensão da abordagem da psicologia arquetípica à imagem, tão central nesse pensamento para a clínica psicológica e a reflexão cultural, a partir da obra de Hillman e de Jung. Esse capítulo não deixa de ser também uma forma de agradecimento.

G.B.
Fevereiro/2012
Pedra Grande

1 Imaginando o trabalho

Os que dormem são trabalhadores.
Heráclito. Frag. 75.

I. A imaginação do trabalho

Num campo simbólico onde se amarram sentidos e práticas, a imaginação do trabalho funde-se com o trabalho da imaginação. Assim, o trabalho é um tema por excelência da psicologia profunda, desde Freud e Jung, Bachelard até James Hillman e a psicologia arquetípica, especialmente com sua noção central de cultivo da alma (*soul making*), que é, justamente, o trabalho de fazer alma.

Fazer alma é um trabalho, ainda que trabalhar esteja hoje cada vez mais longe, muito longe da alma. Em nosso tempo, trabalho e lazer vivem uma cisão só comparável àquela entre trabalho e prazer. Se experimentamos esses impulsos como irreconciliáveis, quero crer que certamente o problema se encontra antes na *imaginação* do trabalho.

Trabalho psíquico, trabalho do sonho, trabalho alquímico, trabalho da psicoterapia, trabalho das resistências, trabalho das amplificações, trabalho da linguagem. Trabalho feito, trabalho que dá. Trabalho do corpo, trabalho do coração. Trabalho da paciência. Dia do Trabalho. Central dos trabalhadores, sindicatos e partidos de trabalhadores. Agências de emprego, legislação trabalhista, exploração do trabalho. Mercado de trabalho, acidentes de trabalho, divisão do trabalho. Emprego, desemprego, direito ao trabalho. Trabalho manual, trabalho intelectual. Trabalho infantil, trabalho escravo, trabalho voluntário. Remunerado, autônomo. Horários, honorários, salários. Gratificações, gorjetas. Todo o complicado capítulo da previdência, pública e privada. As tensões entre negócio e ócio. A cigarra e a formiga. A foice e o martelo. Os 12 trabalhos de Hércules. O Mito de Prometeu, os trabalhos de Psiquê. Hefesto, na mitologia grega, o único Deus que trabalha, que tem uma oficina. O complexo do trabalho nos envolve sempre, pulsando muitas vezes com fantasias possivelmente mais trabalhosas, mais complexas e mais inconscientes que, ouso dizer, as sexuais.

Em qualquer agrupamento de animais, sejam do porte ou classe que forem, é sempre possível observar um comportamento ou atividade que pode ser entendida como trabalho. O trabalho já serviu para relações de dominação e subjugação entre os homens, e entre os homens e a natureza. A escravidão é o limite louco dessas relações. Na Grécia Antiga, o trabalho era desvalorizado por ser feito pelos escravos, e na tradição judaico-cristã o trabalho manual sempre esteve ligado a uma imagem negativa. Com a Revolução Industrial e o capitalismo, o trabalho se torna, finalmente, uma mercadoria. Com Hannah Arendt entendemos a diferença entre "labor" e "trabalho", entre *animal laborans* e *homo faber*, ou seja, entre atividades ligadas à necessidade de subsistência e uma atividade onde a natureza vira cultura (ou, diríamos, psique).

A maioria de nós passa a maior parte de seu tempo de vida no trabalho, e passamos frequentemente mais horas do dia com colegas de trabalho do que com aqueles que amamos. E sabemos que para a maioria das pessoas, no mundo todo, trabalho é sinônimo de insatisfação.

Por outro lado, nossa era psicológica viu surgir um tipo totalmente novo de cidadão: o *workaholic* – que poderíamos traduzir como "trabalhólatra" – o sujeito viciado em trabalho, aquele para quem o trabalho meteu-se no lugar da fruição de outros desejos, tapando lacunas não reconhecidas. Podemos experimentar o trabalho atravessado por muitas fantasias arquetípicas: prazer, justiça, beleza, jogo, brincadeira, luta, conquista, sofrimento, trapaça, tempo. Ou seja, o modo como inconscientemente imaginamos o trabalho afeta diretamente o modo como experimentamos as atividades que, ao longo da vida, chamamos de trabalho. O jogo politeísta da alma está presente aqui tão intensamente quanto em outras dimensões arquetípicas da existência: o sexo, a morte, o amor, a cidade, a religião, a família.

O vastíssimo tema do trabalho esconde as armadilhas mais perigosas. Nesse campo, distinguimos hoje a equação em que se opõem para nós "tempo de trabalho" e "tempo livre". Essa linguagem já denuncia muita coisa. Nessa lógica, estar livre é estar, momentaneamente ao menos, sem trabalho, sem ter que trabalhar. O trabalho, portanto, determina um aprisionamento. Mas estar sem trabalho é estar verdadeiramente livre (ou pronto) para o quê? Sabemos que, muitas vezes, para a maioria das pessoas existe aí, quando acaba o trabalho, um abismo, uma vertigem, seja no final da vida, seja no final da semana. Trabalhar, então, é estar necessariamente preso a uma complexa cadeia de significações que inclui autoestima, produtividade, encaixe social, noções importantes de dignidade, de sentido de existência e, principalmente, poder estar envolvido hoje na construção de uma felicidade privada por sua vez fortemente relacionada à fluidez do acesso aos bens de consumo, que assim se tornam índices de bem-estar.

Mas acredito que para a psicologia a pergunta fundamental permanece: qual a função do trabalho? A psicologia arquetípica tem sugestões poderosas com as quais certamente podemos construir uma outra compreensão das nossas noções de trabalho. Essa compreensão põe o dedo na ferida que cindiu para nós trabalho e prazer, trabalho e brincadeira, condenando essas dimensões da existência a uma polarização perigosa entre aprisionamento e liberdade. Essas reflexões começam com James Hillman sugerindo vermos o trabalho como um *instinto* que requer gratificação. Instinto do trabalho. Afirmações que viram em definitivo nosso tema rumo a uma articulação de fato mais *psicológica*. Vejamos:

> Nós falamos do instinto sexual, do instinto da fome, ou do instinto agressivo: o que é o instinto do trabalho? Acredito que há um instinto do trabalho; foi ele que desenvolveu a civilização humana [...]. Precisamos falar do instinto do trabalho, não da ética do trabalho. [...] falar do trabalho como um *prazer*, como uma gratificação instintiva [...] as próprias mãos *querem* fazer coisas, e a mente adora ser aproveitada. O trabalho é irredutível. [...] O trabalho é um fim em si mesmo e traz sua própria alegria[1].

A função do trabalho é ser um fim em si mesmo. A partir disso, podemos rever nossa imaginação do trabalho não mais apenas com as lentes econômico-sociais que o enquadram na perspectiva depreciativa da alienação, da exploração, do enfado e da fadiga (a perspectiva, por assim dizer, "marxista"); nem com as lentes morais monoteístas que o enquadram, por outro lado, na perspectiva virtuosa da obrigação ética, aquela perspectiva que serve à fantasia espiritual do crescimento ilimitado e esforçado, e da nobreza da conduta socialmente útil (a perspectiva, por assim dizer, "protestante").

Esses modos de ver – cada um a seu tempo, mas ambos igualmente – convidam a imagem arquetípica do herói lutador, Hércu-

---

[1]. HILLMAN, J. *Entre Vistas* – Conversas com Laura Pozzo sobre psicoterapia, biografia, amor, alma, sonhos, trabalho, imaginação e o estado da cultura. São Paulo: Summus, 1989, p. 168, 169, 173.

les e seus esforços, para quem as dimensões da brincadeira, do jogo e do prazer estão interditadas. A imaginação profunda do herói/lutador, com sua retórica de competição, vitória, glorificação do resultado, do esforço e da realização – como também seu isolamento e sua solidão – prevalece no campo psíquico de nossos dias. Essa imagem afeta o modo como trabalhamos.

Por causa disso, inclusive, o trabalho também se abre como um novo campo para o sofrimento. Da exaustão psíquica (*burn out*) aos níveis mais elevados de estresse, das dores osteomusculares aos assédios morais e sexuais, das depressões e ansiedades à toda a gama de possíveis psicossomatizações, as relações *com* o trabalho, bem como as relações *de* trabalho e suas várias experiências, passaram a fornecer, para a sociedade hipermoderna[2], patologizações bastante específicas, fazendo dele, além do mais, um "problema", social e individual, criando e convidando modos cada vez mais originais de intervenções terapêuticas: surge agora toda uma *clínica do trabalho* (sem falarmos, é claro, das mais tradicionais "terapias ocupacionais").

> Devemos dissociar "trabalho" do labor hercúleo e retornar a ideia de trabalho ao exemplo do sonho, onde o trabalho é uma atividade imaginativa, um trabalho de imaginação tal qual o que ocorre com pintores e escritores. [...] Na imaginação não há separação entre trabalho e jogo, realidade e prazer[3].

No meu entender, as considerações da psicologia arquetípica tentam reconciliar *homo faber* e *homo ludens*, aquele que *faz* com aquele que *brinca*, trabalho e jogo, abrindo na imaginação

---

2. LIPOVETSKY, G. *Os tempos hipermodernos*. São Paulo: Barcarolla, 2004.
3. HILLMAN, J. *The Dream and the Underworld*. Nova York: Harper & Row, 1979, p. 118.

novamente a possibilidade de uma ponte entre o *criativo* e o *re-creativo*. O peso cultural que normalmente os separa está, quero insistir, antes nas fantasias que sustentam nossa noção de trabalho, na *imaginação do trabalho*. É lá que se encontra a raiz e a possível solução do problema. A mentalidade que os separa, que não entendeu serem eles a mesma coisa, é a mentalidade que está por trás do adoecimento da ideia de trabalho em cada um de nós. Mas o *trabalho da imaginação* mostra que não há separação.

II. A noção de trabalho na psicoterapia analítica

Temos que ter uma fantasia do trabalho para que ele possa acontecer, já disse James Hillman. Na verdade, sabemos que elas, as fantasias, estão sempre lá, em qualquer atividade, ainda que não percebidas. Agora quero mais diretamente perguntar: qual então a fantasia do trabalho na psicoterapia analítica? Muitas, evidentemente. Nesse ponto, o campo da psicologia mostra claramente sua vocação múltipla, vocação politeísta: muitos são os deuses, as personificações, as imagens e as pessoas arquetípicas que aparecem no trabalho com a psique. Muitos são os arquétipos a fundamentar e guiar nosso trabalho psicoterapêutico: Hércules, Dioniso, Héstia, Eros, Apolo, Hermes – mitos da análise, já bastante examinados. Também administrador, enfermeiro, médico, curador, organizador, faxineiro, guru, conselheiro, mestre, produtor, professor, assessor, consultor, legislador, estrategista estão entre algumas das possíveis imagens que podem reunir as fantasias mais frequentes do trabalho com a psique. Quase sempre estão embutidas de modo inconsciente na imagem maior do "terapeuta", *therapon*, que é, segundo a raiz etimológica, de fato um servo, um servidor, um atendente – outra imagem arquetípica.

Na psicanálise, trabalho e alma estão juntos desde que uma ideia de "trabalho psíquico" foi introduzida por Freud na psicologia profunda com relação aos sonhos, já em 1900, em seu *Traumdeutung*: um conjunto de operações que "transformam os materiais do sonho (estímulos corporais, restos diurnos, pensamentos do sonho) num produto"[4] foi definido como *trabalho do sonho* (*Traumarbeit*). Esse "produto" é o sonho manifesto. Essa transformação é o trabalho do sonho; "Freud usa esse termo para designar uma série de operações mentais peculiares que ocorrem durante a noite: condensação, deslocamento, regressão, arcaização, simbolização, superdeterminação, reversão, distorção"[5]. Aqui, somos forçados a pensar se o que define o trabalho, via de regra, é a *transformação* ou a *criação*. O trabalho, e portanto também o trabalho analítico, cria algo ou simplesmente transforma o que já existe? Nitidamente, para a psicanálise o trabalho da psique é de transformação, seja no sonho, seja no sintoma, e não haveria nada de essencialmente criativo nela. A ideia de uma psique criativa, no sentido de algo que se cria a si mesmo por meio de processos de construção e destruição, virá somente com a contribuição junguiana.

Ainda na psicanálise, o que a psique faz é um *trabalho* na importante expressão "elaboração psíquica", utilizada por Freud e por todos nós depois dele, para "designar, em diversos contextos, o trabalho realizado pelo aparelho psíquico com o fim de dominar as excitações que chegam até ele e cuja acumulação ameaça ser patogênica. Esse trabalho consiste em integrar as excitações no psiquismo e em estabelecer entre elas conexões associativas"[6].

---

4. LAPLANCHE, J. & PONTALIS, J.-B. *Vocabulário da Psicanálise*. São Paulo: Martins Fontes, 1982, p. 664.
5. HILLMAN, J. *The Dream and the Underworld*. Op. cit., p. 94.
6. LAPLANCHE, J. & PONTALIS, J.-B. *Vocabulário da Psicanálise*. Op. cit., p. 196.

Na psicologia analítica, por outro lado, foi a alquimia, dividida entre *theoria* e *practica*, entre oratório e laboratório, meditação e obra, a mais importante referência histórica e a mais poderosa metáfora para ancorar uma ideia de trabalho. Para Jung, "um dos grandes valores da alquimia como um modelo para o trabalho psicológico é precisamente que a alquimia é um *opus*, um trabalho com materiais"[7]. A ideia de *opus*, de uma obra a ser realizada, trouxe para a imaginação da psicoterapia junguiana uma referência ao mesmo tempo mais precisamente material (substâncias, metais, recipientes, sais, criaturas, bizarrices) e mais ambiguamente metafórica (operações, transformações, metas, cores). "A base da alquimia é a obra (*opus*)", disse Jung[8]. A própria linguagem da alquimia é a linguagem do trabalho: as operações, o artífice, as metas, a transformação, o laboratório, a obra.

Com Jung, a referência unilateralmente científica de nosso trabalho pode ser abandonada. A escolha da alquimia como um modelo paradigmático reforça isso. Alquimia é arte (apesar da fantasia pré-científica): arte da mistura, da dosagem, do tempo, do fogo, do conhecimento do comportamento dos materiais. Arte que, para realizar-se plenamente, necessita inegavelmente de um elemento para além da atitude puramente intelectual, elemento indispensável que Jung sempre enfatizou e chamou de *função sentimento* ou *coração*[9].

Mais recentemente, na psicologia arquetípica uma fantasia essencial se sobrepõe na imaginação do trabalho: aquela do *artesão*. O artesão é um desdobramento do artífice alquímico. Devemos explorar as ramificações de seu sentido nesse contexto. Essa ima-

---

7. HILLMAN, J. *The Dream and the Underworld*. Op. cit., p. 138.
8. JUNG, C.G. *OC* 12, § 401.
9. Ibid., *OC* 16, § 486-488.

gem dá maior precisão à compreensão que podemos ter de sua ideia principal sobre o trabalho com a psique, a de *soul making*, fazer alma. "Fazer alma" resume, para a psicologia arquetípica, o motivo essencial e a preocupação de base de qualquer trabalho psicológico. Esse "fazer" nutre-se diretamente do imaginário ao mesmo tempo mais profundo e mais ancestral da artesania, a habilidade dos artesãos, que então teriam mais a nos ensinar sobre o trabalho com a "coisa" psíquica do que os modos que a racionalidade positiva e a mentalidade científica puderam nos dar.

Com essa imagem retoma-se naturalmente uma ideia de "obra", mas agora em bases menos espirituais, e mais modestas:

> [...] vamos ligar *opus* a habilidade, a fazer alguma coisa. É isto que *poiesis* significa: fazer. Então, quando falo de fazer alma, estou imaginando a *opus* da alma como um trabalho que é semelhante a um artesanato, cujos modelos viriam das artes. [...] A *opus* não é apenas o produto, mas a *maneira* como [se trabalha][10].

A *opus* da alma como artesanato coloca a noção de trabalho da psicoterapia analítica numa base ao mesmo tempo mais sensorial e menos racional. Traz para esse trabalho um imaginário menos carregado das obrigações morais da ciência e mais ligado às representações mais ancestrais do carpinteiro, do ferreiro, do ceramista e da tecelã, bem como das confrarias de adivinhos, de arautos, de curandeiros[11], que requerem, por sua vez, apenas e essencialmente experiência e destreza, disposição e habilidade.

Essas representações nos apresentam mais diretamente a dialética das mãos.

---

10. HILLMAN, J. *Entre Vistas...* Op. cit., p. 174.
11. VERNANT, J.-P. *Mito e pensamento entre os gregos*. Rio de Janeiro: Paz e Terra, 1990, p. 358.

III. As mãos

As mãos estão no centro de nosso tema. "As mãos governam o trabalho" (Hillman), o que me parece querer dizer que elas carregam a imagem arquetípica do trabalho. A mão faz, realiza, forja, altera, modifica. Ela institui o *homo faber*. Ela é mística: ora. Ela é fazedora: labora. Trabalho do espírito e trabalho da carne. Prece e coisa, espírito e matéria, tudo a mão faz. E tudo o que é feito a mão revela mais profundamente a alma do trabalho, revela o dom.

Devemos entender seu *logos*. Para a lógica das mãos, importante é aquilo que pode ser tocado. Ela ensina e nos inicia na dimensão da palpabilidade. A mão indica o que é palpável. Para a mão, é realidade o que for palpável. Sua alma é tátil, alma que ama o sólido, ama a matéria.

Como um prolongamento do cérebro, ela entende a matéria como ofício. Como um prolongamento do coração, ela entende a matéria como arte. Artes e ofícios. Dois lados, dois hemisférios: duas são as mãos. Razão e emoção, função e canção.

Os dedos fazem a mão trabalhadora, e lembram que a mão é politeísta: em cada dedo um planeta, uma energia, um mistério e uma força. O polegar é de Vênus, o indicador é de Júpiter, o médio é do Sol; e o mindinho é o dedo de Mercúrio, esse Hermes-criança que temos na ponta da mão, quase esquecido. Em cada dedo um órgão do corpo: cabeça, vesícula, baço, fígado, coração. Em cada dedo um Deus, dedos e deuses fazendo trabalho, trabalho dos dedos fazendo a mão falar, ouvir, ver.

Com as mãos, com a artesania, uma imaginação mais metaforicamente material incide em nosso trabalho com a psique, ao modo alquímico, afastando-nos das tão perigosas noções médicas, tais como cura, tratamento ou melhora, ligando-nos a um modo de agir que põe sua ênfase no "moldar, *manejar* e fazer algo com a coisa psíquica [...] uma psicologia artesanal"[12] [itálico meu], cujos modelos estão nas artes. Ou, como já se disse, analogias visíveis para um trabalho invisível.

E por falar em trabalho "invisível", o sonho sirva de exemplo. Tomando então o sonho como a apresentação mais paradigmática do *trabalho* da psique (para o qual, sabemos, Hillman também trouxe a imagem arquetípica do *bricoleur*[13]), gostaria de finalizar essas breves reflexões com a citação de Heráclito que me serviu de epígrafe, o célebre Fragmento 75. Os Fragmentos de Heráclito são enigmáticos e funcionam como *koans* para a mente ocidental. Este nos diz: "os que dormem são trabalhadores [...] e cooperam nas obras que acontecem no mundo". A psique trabalhadora encontra aqui sua expressão, e todos os alinhamentos que pude fazer desembocam nesta constatação: sempre brincando, muito mais a alma trabalha em nós do que nós trabalhamos nela.

---

12. HILLMAN, J. *The Dream and the Underworld*. Op. cit., p. 138. "O cultivo de alma é como qualquer outra atividade imaginativa. Requer artefato, assim como a política, a agricultura, as artes, as relações amorosas, a guerra ou a conquista de qualquer recurso natural" (p. 129).

13. Na obra de James Hillman, o *locus* de referência para a imagem arquetípica do *bricoleur* como uma analogia para o trabalho da psique é o livro *The Dream and the Underworld* (O sonho e o mundo das trevas), de 1979: "[...] o *bricoleur* do sonho é um trabalhador manual, que toma os pedaços de lixo abandonados pelo dia e brinca com eles, juntando os resíduos numa colagem. Ao mesmo tempo em que os dedos que formam um sonho destroem o sentido original desses resíduos, também os formam num novo sentido dentro de um novo contexto" (p. 127-128).

2 A alma do consumo

I

Todos os dias, em algum nível, o consumo atinge nossas vidas, modifica nossas relações, gera e rege sentimentos, engendra fantasias, aciona comportamentos, faz sofrer, faz gozar. Às vezes nos constrangendo em nossas ações no mundo, humilhando e aprisionando, às vezes ampliando nossa imaginação e nossa capacidade de desejar, todos nós consumimos e somos consumidos. Agora vamos consumir a ideia do consumo, sua psicologia, sua psicopatologia.

Numa época toda codificada como a nossa, o código da alma (o código do ser) virou código do consumidor! Fascínio pelo consumo, fascínio do consumo. Felicidade, luxo, bem-estar, boa forma, boa mesa, lazer, elevação espiritual, saúde, turismo, sexo, família e corpos são hoje *commodities* reféns da engrenagem do consumo. Podemos falar, como os filósofos e sociólogos contemporâneos, de um *hiperconsumo*?

O consumo não pertence a todas as épocas nem a todas as civilizações. Somente há pouco tempo histórico é que falamos e entendemos viver numa *sociedade de consumo*, onde tudo parece necessitar adaptar-se à lógica dessa racionalidade, ou seja, à esfera do lucro e do ganho, à ética e à estética das trocas pagas. É uma singularidade histórica. Tornamo-nos *homo consumericus*. Mas, num plano mais profundamente psicológico, que racionalidade é mesmo esta, a do hiperconsumo? Que deuses estão ali abatidos?

Que arquétipos? Para ecoarmos os receios de Jung sobre deuses e doenças[14], que doença é esta, a paixão consumista, tão absorvente, tão aparente, tão definidora?

O consumo, entende-se, é uma forma modificada e moderna de estabelecer relações com o mundo dos objetos e dos seres, e também com o mundo da interioridade. Mas é na própria interioridade que a vontade de saber, a vontade de se relacionar, a vontade de viver e a vontade de lazer foram absorvidas por essa lógica.

E, claro, entre os muitos bens, materiais e imateriais, também consumimos psicoterapia, e há vários lugares ou modalidades para se "comprar" alma. *Fast, slow,* profunda, comportamental, breve, análise junguiana, reichiana, psicanálise, dinâmica de grupo, *workshops* de fim de semana, neurolinguística, existencial, viagens espirituais, meditação, retiro. Sem falar da autoajuda no reino do *Self-service*.

Contudo, para uma psicologia arquetípica, há deuses em nosso consumo: Afrodite da sedução e do encantamento pela beleza e pelo prazer, Hermes do comércio e da troca intensa, Cronos do devoramento, Plutão da riqueza e da abundância, Criança Divina da novidade, Dioniso do arrebatamento, Narciso ensimesmado, Herói furioso, Eros apaixonado, Pan, Príapo, *Puer*, quem mais? Que pessoas arquetípicas estão na alma do consumo?

Ao buscarmos pela alma do consumo, lançamo-nos, sempre mais desconfortavelmente, no jogo entre necessidade e supérfluo, entre frívolo e essencial. Não sabemos ao certo onde termina a necessidade, onde começa o supérfluo, onde estão as fronteiras entre consumo de necessidade e consumo de gosto, consumo consciente e consumo de compulsão.

---

14. JUNG, C.G. *OC* 13, § 54: "Os deuses tornaram-se doenças".

Na era *hipermoderna*, para já usarmos a expressão do filósofo francês Gilles Lipovetsky, que há alguns anos pensa sobre uma "segunda modernidade" – que se dá sob o signo do excesso e do extremo, que realiza uma "pulsão neofílica", um prazer pela novidade que se volta constantemente para o presente[15] – não podemos deixar de reconhecer que o consumo acontece ao lado de outros fenômenos importantes que marcam e que estão no centro do novo tempo histórico: o espetáculo midiático, a hipercomunicação de massa, a individualização extremada, o hipermercado globalizado, a poderosíssima revolução informática, a internet. O consumo também cria seus próprios templos: os *shopping centers*, as novas catedrais das novas e velhas igrejas, e também, a seu modo, a própria rede mundial de computadores.

O hiperconsumo, e sua doença (o consumismo) penetra insidiosamente em áreas da existência que, ainda numa idade moderna, são estranhas a ela. Ou seja, o consumo e suas relações de trocas pagas, lucro, rentabilidade, constante renovação, reciclagem e imediatismo ocupam terreno ao qual esta lógica arquetipicamente não pertence: o amor, a amizade, a religião, a saúde, a política, a sabedoria, a espiritualidade, a educação.

Nessa lógica, entram hoje novas e surpreendentes categorias que ampliam tanto a noção quanto o alcance das nossas experiências e que invadiram profundamente o imaginário cotidiano, tais como: real, virtual, natural, artificial, integral. Todas têm um impacto na alma. Mas o que diferenciam afinal? Aqui, mais insidioso é o jogo entre a ordem do leve (*light*) e a ordem do pesado (integral).

---

15. "Hipercapitalismo, hiperclasse, hiperpotência, hiperterrorismo, hiperindividualismo, hipermercado, hipertexto – o que mais não é *hiper*? O que mais não expõe uma modernidade elevada à potência superlativa? [...] Tudo se passa como se tivéssemos ido da era do *pós* para a era do *hiper*" (LIPOVETSKY, G. *Os tempos hipermodernos*. Op. cit., p. 53, 54, 56).

II

Consumo: tantos são seus deuses que é preciso evocá-lo com cuidado, sem voracidade, para sentirmos sua interioridade, sua alma, sem sermos pegos em sua malha fina.

Consumo da velocidade, consumo da informação. Consumo do turismo: turismo da memória, turismo de aventura, turismo de reabilitação da saúde, turismo recreativo, turismo esportivo, ecoturismo. Consumo da moda, consumo do luxo, consumo gastronômico. Consumo do divertimento. Consumo cultural. Consumo emocional.

Consumo de móveis, de imóveis e de automóveis: a indústria automobilística internacional globalizada sabe ser capaz de produzir ícones de altíssima voltagem simbólica para a era da autonomia. Consumo da mobilidade, das viagens e dos deslocamentos geográficos rápidos. Ou permanentes: aqui, a fantasia de renascer em outro lugar, outra cidade, outro país, outra identidade – consumo de uma nova vida. Consumo identitário.

Consumo de utensílios domésticos, eletrodomésticos, eletroeletrônicos que liquidificam, batem, moem, trituram, misturam, assam, limpam, fervem, fritam, amassam, amolecem, passam e enceram para nós – sem nossas mãos, sem contato manual. Tocam sons, reproduzem imagens, processam informações. Excesso e profusão de automatismos também funcionando para a era da autonomia.

A moda, a morte, a saúde, a cosmética, a higiene e a limpeza são principalmente imaginadas hoje em dia também dentro da fantasia e das práticas do consumo. Nessas práticas, podemos entrever sua alma. No capítulo da limpeza (pessoal e doméstica), por exemplo – um item altamente valorizado na sociedade do hiperconsumo, e que hoje se confunde ou tem seus sonhos entrelaçados com aqueles da saúde – percebemos toda uma cultura dos antibióticos, dos antibacterianos, dos germicidas, dos inseticidas, dos bactericidas, dos antivirais, dos antirretrovirais, de tudo aquilo que "mata bem morto", cultura dentro da qual estão também os saponáceos, os sabonetes, os sabões, os xampus, os detergentes, as águas sanitárias, os desinfetantes, os limpadores multiuso, o cloro, a creolina: todos matadores. Consumo do asseio, rechaço paranoico da sujeira, cultura da limpeza: o hiperconsumidor mostra, na alma de seu consumo, a flechada de uma onda apolínea de assepsia, de controle total, de segurança total, de branco total. Isso está na linha do que se nota na vida moderna de uma preocupação obsessiva por inseguranças de várias naturezas: biológica, médica, patrimonial, moral, ética, familiar. A autonomia trouxe insegurança.

Essa lógica consumista da segurança se estende ao círculo dos protetores solares, dos preventivos de todas as linhas e em todas as atividades, preservativos, camisinhas, *air bags*, cintos de segurança, advertências sobre ingestão de alimentos, bebidas e fumo, bloqueadores de raios solares, sensores, alarmes, detectores de metais, câmeras de vigilância, sistemas sofisticados de proteção patrimonial, de segurança residencial e seguros de vida, de saúde, de viagem. À prova d'água, à prova de choque, resistente. Ética de tudo aquilo que vem antes, que nos prepara para "esperar o inesperado": uma contradição em termos. Insegurança cotidiana, cotidiano da insegurança, coincidente com o fim dos referenciais estáveis tradicionais. Eis a era moderna na qual se insere a "sociedade de consumo".

Limpo e seguro: eis a questão. O consumo da limpeza e da segurança tem sido uma das principais fantasias lógicas da era da autonomia. É uma fantasia espiritual.

Mas o maior consumo talvez seja mesmo o consumo da *autonomia*, da faculdade de se governar por si mesmo, de instituir e reger as leis (*nomos*) pelas quais governa-se a si mesmo. Autonomia é liberdade e aprisionamento ao mesmo tempo.

Autonomia: não preciso mais ir ao cinema e estar sujeito a horários, arranjos e endereços públicos e coletivos; eu possuo um *home theatre*. Imprimo minhas fotos na impressora doméstica alinhada para isso. Faço meu jantar com o auxílio luxuoso de todos os eletrodomésticos que não param de reinventar-se, os processadores de comida aliados aos fornos de microondas; ou simplesmente compro o jantar pronto e congelado, estocado e prático, rápido. Edito meus filmes no computador pessoal. Organizo e escolho as músicas que quero ouvir – a trilha sonora da minha vida – sem surpresas desagradáveis ou diferentes, simplesmente baixando arquivos de áudio da internet e armazenando-os em meu iPod ou iPad. A telefonia está em minhas mãos, em qualquer lugar, é móvel, e com ela a impressão de contato por trás da fantasia de conectividade. A comunicação está toda em minhas mãos. Minha correspondência, agora por via eletrônica, está em minhas mãos (ou diante de meus olhos) na hora que desejo ou preciso, em qualquer lugar do planeta. E está em minhas mãos principalmente tudo aquilo que posso comprar pronto (*ready-to-go*): desde a comida – entregue em casa (*delivery*), ou então ao acesso rápido de uma corrida de carro (*drive-through*) – até medicamentos, entretenimento, companhia, sexo e roupas *prêt-à-porter*. Basta para percebermos a enorme presença da fantasia de autonomia. E a autonomia, podemos perceber, está a serviço da felicidade privada.

A "customização" cada vez mais intensa da maioria dos bens e dos serviços de consumo também registra claramente: o nosso é um tempo de escolhas. Como quero meu refrigerante, meu carro, meu *jeans*, meu computador? Como quero que eles se pareçam? Que gosto quero que tenham? A hiperindividualização também leva à autonomia, ou vice-versa, e impõe processos de escolha cada vez mais intensos e urgentes: "os gostos não cessam de individualizar-se"[16]. No setor da eletrônica de consumo, por exemplo, tudo caminha para a alta definição. O Senhor dos Portões (Mr. Gates) abriu as janelas (*Windows*) de um presente que requer, sim, definições (escolhas) cada vez mais "altas", mais precisas, mais particularizadas, em quase tudo. A própria identidade torna-se, no mundo hipermoderno, uma escolha bem definida num campo cada vez mais flexível e fluido de possibilidades: tribos, nações, culturas, subculturas, sexualidades, profissões, idades. Personas *to-go*. Autonomia: nomear-se a si mesmo.

Com a autonomia vem também o automático. O tema pervasivo da autonomia em nosso imaginário coletivo mais profundo engendra e produz nossa ligação com tudo aquilo que é automático, nossa paixão mesmo pelo automatizado, nos objetos e nas relações, nos serviços e na vida cotidiana, na alma e no corpo, na linguagem e na ação, e também nossa prisão nos automatismos – nossos padrões psicológicos automáticos.

Claro ou não, já se viu nisso um processo de distanciamento do mundo da matéria, onde quase tudo já trabalha por si, sem a intervenção de nossas mãos ou de nossos corpos. Às vezes, nem de nossos olhos. Mas é também possível ver nisso um mundo esquecido de coisas físicas que quer se animar, que deseja *alma*; e ver na alma um anseio compensatório ainda maior pela sedução física do mundo – pois a alma precisa do mundo. No hiperconsumo, como advertiam os alquimistas, literaliza-se o físico no material, e precisamos então consumir cada vez mais, e cada vez mais intensamente, aparelhos, automóveis, dispositivos, engenhocas, *gadgets* e, com eles, seus fantasmas.

---

16. LIPOVETSKY, G. *O império do efêmero*. São Paulo: Companhia das Letras, 2006, p. 174.

Mas o que entendemos fundamentalmente com isso é que tudo, tudo a alma consome, e tudo pode ser consumido pela alma em seu eterno trabalho. Ou, tudo pode virar um vaso para fazer alma, como já nos afirmou James Hillman: "O vaso do cozinhar da alma aceita tudo, tudo pode se tornar alma; e ao tomar em sua imaginação quaisquer e todos os eventos, cresce o espaço psíquico"[17].

Precisamos enxergar no consumo um vaso de fazer alma. Para isso, precisamos libertar nossa visão das preconcepções filosóficas, morais e psicológicas que nos levam a entender no consumo apenas um patologizar mais intenso. É certo, a superindividualização da qual os tempos dão testemunho reforça um sujeito que, ao encontrar-se agora numa condição mais flexível, vive no ego a ilusão de uma ação mais consciente e livre no mundo. E é certo que esse sujeito é frágil, e que aqui está seu paradoxo. Seu patologizar é imenso, é intenso, e cresce na proporção do consumo, da autonomia e da liberdade: depressão, paranoia, compulsão, baixa autoestima, competitividade extremada, pânico, suicídio, solidão, medo, estresse, sintomas psicossomáticos, hiperatividade, hiperconsumismo. Vulnerabilidade psicológica, desestabilização emocional.

Contudo, é preciso pensar, por outro lado, o estado de coisas e suas enfermidades com o prisma privilegiado da alma (alma do mundo, inclusive). A obra do consumo na alma, ou a obra da alma com o consumo (tanto faz), atinge patamares patologizados, contornos enfermos, mas tem em seu epicentro nervoso, social e individualmente falando, uma ampliação do desejo ou do deleite da própria alma pelo mundo – mundo das coisas e coisas do mundo. Podemos então pensar que o consumo flexibiliza e amplia os limi-

---

17. HILLMAN, J. *Re-Visioning Psychology*. Nova York: Harper & Row/Harper Colophon, 1977, p. 69 [*Re-vendo a psicologia*. Petrópolis: Vozes, 2010].

tes de sua experiência e até mesmo o espaço psíquico da liberdade. Nossa sociedade de consumo só será um todo inteligível à luz do processo da alma. Sob o consumo, opera a alma. O consumo faz parte da atração da alma pelo desejo, de seu envolvimento com o desejo. Faz parte do Mito de Eros e Psiquê. E o desejo aqui é pelas coisas do mundo – desejo que, em última instância, deseja de verdade animar o mundo, torná-lo alma.

III

A princípio, e por tudo isso, a lógica consumista parece ser a de um hipernarcisismo. Mas compreender o fenômeno politeisticamente é tornar possível enxergar-se nele as muitas faces de sua interioridade e de seu significado para a alma. Vejamos brevemente algumas dessas faces, encarando os deuses: se existem deuses nas nossas doenças, quem são eles no *consumismo*?

Assim destaco, a meu ver, basicamente três problemáticas a serem enfrentadas mais urgentemente junto ao consumo: a da troca, a da sedução e a da necessidade.

Comecemos pela *necessidade*: temos necessidade de quê? De quanto? Quando? Não sabemos mais ao certo, é claro. As medidas enlouqueceram. Movemo-nos agora num mar de necessidades: pseudonecessidades, necessidades artificiais, necessidades básicas, necessidades estrategicamente plantadas pelo marketing, necessidades que não sei que tenho, necessidades futuras, até chegar ao inecessário, o extraordinário que é demais. A necessidade delira.

Mas a necessidade é arquetípica, e tem um lugar na alma, um nexo psíquico mais profundo. A necessidade rege os movimentos da alma. Ananké, a Necessidade, é a personificação da força constrangedora dos poderes do destino – os decretos do destino físico e do destino psíquico. Longe ou separada da alma, torna-se escrava da ânsia, do desejo cego, a que chamamos *ansiedade* (que tem a mesma raiz etimológica que *ananké*) – ansiedade que é, em essência, desejar profundamente... coisa nenhuma!

A *sedução* é, claro, o terreno de Afrodite, e ela, banida da civilização secular, destituída de um lugar de honra à beleza e ao amor sensual, retorna no apelo ao consumismo puro, a sedução das coisas pelas coisas: literalismo, ânsia cega pelo mundo, a que chamamos... *ansiedade*. Sempre que somos seduzidos, sabemos que é seu o trabalho na alma alinhando-a com o desejo, com Eros. Já que hoje, como disse Hillman, o *"shopping center* e o catálogo de compras são os lugares onde Afrodite trabalha sua sedução"[18], é lá, na embriaguez do consumo, na hiperescolha que encontramos a fantasia da conquista do mundo, do deleite sensual pelo mundo. Mas o jogo da sedução, na verdade, está por tudo, em todas as pontas da sociedade de consumo; não podemos dela escapar, e já nada fazemos sem sua presença. A ampliação das necessidades também tem a ver com ela, assim como a lógica do efêmero e da novidade na qual estamos mergulhados. E também a pornografia, a inflação erótica, o sexo serial: consumo sexual. Afrodite está furiosa conosco desde o amanhecer até quando nos deitamos, adentrando o mundo dos sonhos e a noite escura da alma. A sedução explode.

Na *troca*, por outro lado, enxergamos a "inflação hermética" de que também fala Hillman, a cultura midiática de massa. Hiperconectividade, hipermercado, hipercomércio, hipercomunicação: tudo se liga. Hipertroca: de informação, de serviços, de produtos, de afetos, de imagens, de mensagens. E tudo pago. Devo me manter informado, trocando o tempo todo, "estar ligado" – ligado/desligado, *on/off*: eis o dilema. Comércio de tudo, tudo se torna comer-

---

[18]. HILLMAN, J. "Loucura cor de rosa ou por que Afrodite leva os homens à loucura com pornografia". *Cadernos Junguianos* 3, 2007, p. 7-35 [Revista anual da Associação Junguiana do Brasil].

cial. Aqui, como já dissemos, e mais que em qualquer outra perspectiva, observamos que o mercado se apossa do que não estava no mercado, e que talvez a ele inclusive não pertença; tudo é absorvido pelo modelo consumista: amor, relações, espiritualidade, direitos humanos etc. A hipertrofia mercurial da comunicação, da informação, reflete uma aceleração da troca. A troca dispara.

É nesse campo mercurial que vemos como a lógica do consumo nos apresenta hoje ao jogo entre *des*-uso (tempo acelerado) e *re*-uso (tempo lento). Use e abuse virou *des*-use (descarte) e *re*-use (recicle). Descartar ou reciclar? A tensão entre o descartável e o reciclável mostra-nos o delírio hermético na sociedade da hipertroca.

IV

Terminemos agora com a face mais nervosa do consumo, seu sumo, o gesto consumista por excelência e afirmação: a *compra*, propriamente dita. Levemos, portanto, esta reflexão a seu fim, ao caixa, para ver como estamos pagando por isso tudo, e o que estamos de fato levando para a casa da alma.

Comprar é um impulso ascendente, de natureza espiritual, que nos joga no eixo entre elevação e mergulho. Mas é também um foco de fantasia, portanto um lugar de alma, nunca um gesto puro. Diga-me o que compras e te direi quem és! Direi também como patologizas, e como imaginas a liberdade.

Assim, comprar, como qualquer ação arquetípica, também está cheia de deuses: a compra heroica e suada, a compra racional saturnina feita em vezes, a compra venusiana prazerosa e sensual, ariana de impulso, a compra culpada ou martirizada, a compra que rejuvenesce, a compra festiva jupiteriana de expansão da personalidade, a compra pornográfica, a compra generosa e a retensiva, a compra para o outro, a compra que é um presente, um modo de dizer algo.

A febre de comprar nos faz pensar, como sugeriu Lipovetsky, que "ela seja uma compensação, uma maneira de consolar-se das desventuras da existência, de preencher a vacuidade do presente e do futuro"[19]. O frenesi das compras então funciona para nossa longa solidão egoica como "simulacros de aventura", o fantasma da obra, pequena loucura cotidiana, a prótese do prazer.

A compra é a magia do efêmero. É asa, é brasa. É futuro, promessa, desejo de mudar, intensificação, momento de morte. É o fim da produção, quando as coisas são finalmente absorvidas pela psique.

A compra, ao contrário do que se poderia pensar, dissolve o ego em alma, dissolve o ego heroico em sua fantasia de morte. Comprar é o que resta. Comprar é nosso modo de fazer o mundo virar alma.

---

19. LIPOVETSKY, G. *Os tempos hipermodernos.* Op. cit., p. 79.

3 As emoções e a mente

*Eu não devia te dizer
mas essa lua
mas esse conhaque
botam a gente comovido como o diabo.*
Carlos Drummond de Andrade. *Alguma poesia*, 1930.

I

Sentir coisas, ficar comovido ou atormentado, ter emoções, estar emocionado, emocionar. Ódio, alegria, raiva, tristeza, júbilo, inveja, ciúme, rancor, medo, vergonha, fúria: emoções são a própria coisa da alma, sua matéria, sua verdade, sua carne. Com elas, trabalha-se na psicoterapia; com elas, aproximamo-nos da alma. Com elas, a alma fica profunda e nós, complexos. Na psicologia as relações entre alma e complexo compõem e definem para nós nossas emoções. A emoção, não há quem duvide, aprofunda.

As emoções nos libertam. Também nos aprisionam. Muitas vezes é difícil saber ou até entender o que sentimos, e ficamos tomados por emoções. Muito mais que as ideias, as emoções nos levam aos extremos da existência, às reinvenções e revoluções pessoais e coletivas. O poder de uma emoção é *mover*. Por uma emoção, algo se move, em nós e no mundo[20].

---

20. Rafael López-Pedraza lembra que "o termo original grego para emoção é *pathos*", e que "*pathos* foi traduzido para o latim como paixão". Cf. LÓPEZ-PEDRAZA, R. *As emoções no processo psicoterapêutico*. Petrópolis: Vozes, 2010, p. 12-13. Aristóteles define a paixão (*pathos*) como o que move, o que leva o homem para a ação (*praxis*). Portanto, um movimento, uma ação é a expressão de uma emoção.

Elas nos desarranjam, são trabalhosas, perturbam, não são confiáveis e por isso mesmo são reprimidas e banidas de um projeto de racionalidade e coerência. Ainda assim, queremos nos emocionar, e por isso lemos livros, vamos ao cinema, ouvimos música, entramos e saímos dos relacionamentos, buscamos o amor e, nele, sofremos; viajamos para lugares diferentes, consumimos e desejamos coisas e pessoas.

No universo linguístico, para começo de conversa, emoções, a palavra, é nome de motel, de lanchonete, de *sex shop*, de lojinha barata, de mercadinho do interior; é título de música, de filme, de livro e, ainda mais curioso, nome de transportadora de cargas – já vi, deslizando na Via Dutra, por exemplo, como emissários do improvável, caminhões de enorme caçamba prateada estampando corajosamente o nome de uma empresa de logística: Emoções! De fato, com as emoções, algo se move, em nós e nos caminhos do mundo.

E temos as listas, tentativas de enumerar emoções, de fantasiarmos algum controle sobre elas. As listas são as mais variadas, e nunca se esgotam; listar é arquetípico. Mais próximas de nós, para agora também entrarmos por um momento na imaginação das listas, apenas algumas, poucas, mais conhecidas: temos a de Aristóteles, na *Retórica*, que por sua vez inspirou e influenciou a de Rafael López-Pedraza, que a amplia em seu *Emociones: una lista*. Temos a de Charles le Brun, que desenhou a expressão das paixões e sobre isso escreveu um famoso tratado no século XVII (*Conférences sur l'éxpressions des différents caractères des passion*, 1667); e, no século XIX (o séculos das listas), as de Duchenne de Boulogne (*Mécanisme de la physionomie humaine*, o primeiro estudo sobre a fisiologia da emoção, publicado originalmente na França em 1862, ilustrado com fotografias impressionantes, onde ele identifica treze emoções primárias) e de Charles

Darwin, este estudando profundamente, em seu *A expressão das emoções nos animais e nos homens* (bastante influenciado pelo trabalho de Duchenne), toda a superfície dos estados de humor, com sua dança de musculatura e posturas, que ele chama de "linguagem das emoções" – emoções e suas cascas, seus invólucros, seus embrulhos.

Temos também a lista fenomenológica de Sartre, em seu *Esboço para uma teoria das emoções*, de 1939; livro importante que marcou época por sua originalidade; o primeiro a dizer que para entendermos as emoções devemos entender o que elas significam – Sartre já falava de uma "finalidade da emoção" – a emoção como um ato filosófico, gesto que modifica o mundo. Ainda mais próxima, temos a lista de James Hillman – não exatamente uma lista, mas um estudo magistral sobre as teorias da emoção e seus significados para a psicoterapia, em seu livro inaugural de 1960, *Emotion: a Comprehensive Phenomenology of Theories and Their Meanings for Therapy*. Com as emoções, tudo começou na psicologia arquetípica.

Do ponto de vista psicogenético, contudo, ninguém sabe dizer o que é uma emoção. As teorias são tantas, ninguém concorda. As emoções são tantas, com isso todo mundo concorda.

Emoção, numa definição mais geral e fácil encontrada numa busca rápida pelos livros de psicologia, é um impulso neural que move um organismo para a ação. A emoção se diferencia do sentimento porque, conforme observado, é um estado psicofisiológico. A emoção sempre envolve o corpo. A emoção é carne, profundidade e superfície ao mesmo tempo. A pele da alma.

Jung ligou *emoção e complexo*. Sabemos que estar nas garras de um complexo, estar agarrado por um complexo, é estar num estado emocional específico, algo como um ambiente emocional que se amplia e se expande em ramificações de significado. Para Jung, a emoção pertence ao complexo. Com a emoção, Jung "descobriu" os complexos. Um complexo é uma entidade constitutiva da psique caracterizada fundamentalmente por um "tom emocional", como disse ele. Aqui está a chave.

Por outro lado, podemos agora ligar *emoção e imagem*. Aqui temos o contraste entre o modo pessoal e o modo arquetípico de conceber as emoções. Emoção e imagem são coincidentes, e para achar a emoção é necessário buscar a imagem. Ao encontrar a imagem, encontramos a emoção, e vice versa. Esse é o ponto ampliado pela psicologia arquetípica, e o foco do procedimento de sua terapia. Uma emoção só se dá particularmente a conhecer pela imagem específica que lhe expressa e constitui.

II

Laços afetivos, experiências de vida, histórias vividas ou não vividas e deixadas para trás, choques e decepções, e muito mais, podem virar "nós emocionais", como se diz. E quando alguém diz que algo é "de fundo emocional", é na psicologia que se pensa, nos terapeutas e na psicoterapia. Emoções: estados da alma. Emoções: memórias, sonhos, confusões. Não basta sentir, é preciso manejar as emoções, refletir a partir delas, ou com elas. Mais: é preciso dizê-las, e dizer de modo certo. Na terapia, estamos sempre envolvidos em encontrar a emoção certa, que possa então ser expressa pela palavra certa, *le mot juste*. As emoções precisam da mente, da articulação da linguagem. A psique precisa de *logos*, e aí começa a psicoterapia, a "cura pela fala", pois muitas vezes estamos sofrendo pela dor "errada", e a alma pede à terapia que corrija isso, que diga certo. Além do que, podemos também dizer o que *não* sentimos: emoções falsas, o que, para Sartre, constitui uma *comédia*: um comportamento sem o estado emocional que o comporta é comédia[21].

Se as emoções precisam da linguagem, como estou sugerindo, então deixem-me ampliar e provocar com três ideias sobre a emoção e a mente, a mente emocionada – que chora, que ri, que arfeja, que anseia, que lamenta. Lamentos da mente. ("Lamentavelmente..." – isso é o que dizemos quando queremos inserir alguma emoção num relato, numa conversa, num encontro, muitas vezes emoção sem nome.)

O trabalho de Darwin com a expressão das emoções – medo nos cães, afeição nos gatos, fúria nos cavalos, prazer nos macacos – mostra que *a emoção é o animal*, mostra o quanto a emoção não é humana, que ela pertence ao animal: o sistema humoral, o hipocampo, dentro da pele, alterações do tônus muscular, vasoconstrições, distúrbios respiratórios, lágrimas e sorrisos, medo na barriga, tristeza nos olhos, ciúme nos ouvidos, a aflição da espera e da ansiedade no suor das mãos, palpitações do coração que bate mais rápido, o corpo animal. *Primeira ideia: a emoção é o triunfo do animal.*

Mas tudo isso mostra também o pano de fundo transpessoal das emoções, que elas são inumanas, e são coletivas. Parecem me pertencer, e até aparentam ser o que me faz sentir a mim mesmo como uma *pessoa* e, no entanto, são, como entende a psicologia arquetípica e disse James Hillman, "influxos divinos". Com elas, estabelecemos uma "conexão epifânica": "A emoção é um presente que vem através da surpresa, é mais uma afirmação mítica do que uma

---

21. "[...] há emoções falsas que são apenas condutas. Se me dão um presente que só me interessa em parte, pode ocorrer que eu exteriorize uma alegria intensa, bata palmas, salte e dance. Mas será uma comédia" (SARTRE, J.-P. *Esboço para uma teoria das emoções*. Porto Alegre: L&PM, 2010, p. 74).

propriedade humana. Ela anuncia um movimento da alma [...] que podemos perceber nas imagens de fantasia que acompanham a emoção"[22]. *Segunda ideia: a emoção é o triunfo dos deuses.* A emoção nos adjetiva. Põe qualidades no que fazemos ou somos, nos instantes, nas ações, nos gestos. Qualifica nossos modos de ser. Vivemos emocionalmente; as emoções estão por dentro (ou no fundo) de tudo, ainda que possam estar exiladas em alguma câmara escura da alma, inconscientes, sem contato, sem registro, banidas, não reconhecidas. A emoção colore: dos desesperos plúmbleos e lutos púrpuras, lágrimas negras, passando pelos azuis profundos da tristeza ou da melancolia, até os júbilos rubros da alegria, da empolgação e do desejo, ou o verde do entusiasmo vivo esperançoso, ou ainda o amarelo solar de um breve momento feliz. Alquimia das emoções, poesia das emoções. Em tudo, a emoção é o adjetivo, aquilo que nos arranca de uma existência apenas substantiva ou verbal, ou seja, de sermos apenas coisa ou, pior, só ação.

III

Termino com poesia o discurso verdadeiro, *vera narratio*. Pois na poesia podemos ver a mente que *pensa* a emoção, que pensa emocionalmente, um "pensamento do coração"[23]. A poesia, nesse sentido, pode ser entendida como uma *calcinatio*, um apuro da emoção, e nos ensina esse apuro. Apurar é calcinar, secar para ver. Estar em apuros é estar emocionado. Exemplo:

É claro que a vida é boa
E a alegria, a única indizível emoção
É claro que te acho linda

---

22. HILLMAN, H. *Re-vendo a Psicologia*. Op. cit., p. 336.
23. Cf. HILLMAN, J. *O pensamento do coração e a alma do mundo*. Campinas: Verus, 2010.

> Em ti bendigo o amor das coisas simples
> É claro que te amo
> E tenho tudo para ser feliz
> Mas acontece que eu sou triste...
> (Vinícius de Morais. "Dialética".)

A emoção é o triunfo da poesia – a terceira ideia.

A poesia finalmente nos ensina que as emoções são nossos caminhos para a interioridade, onde quer que esteja, em nossos instintos, em nossos sonhos, na pele, no rosto, no mundo.

4 Perversões, taras e outras observações amorosas

Poucos prazeres e muitas penas, eis o quinhão dos amantes: que eles preparem sua alma para numerosas provas.
Ovídio. Ars amatoria.

I

No amplo espectro da literatura erótica no Ocidente, e à sombra enigmática da imensa figura do Marquês de Sade, a *História do olho*, de Georges Bataille, *A história de Vivant Lanon*, de Marc Cholodenko, e *Cartas de um sedutor*, de Hilda Hilst, são obras que apresentam, no século XX, e cada uma a seu modo, os caminhos tortuosos e difíceis que a alma percorre quando seu amor apresenta-se desviante, perverso, intolerável. As diversas perversões a que está sujeito o eterno enlace de Eros e Psiquê falam mais da alma imaginativa que do amor depravado. É nesse amor, às vezes tão próximo da violência quanto da delicadeza, que verificamos os extremos da capacidade imaginativa da alma erotizada. Esse amor encontra nas parafilias, práticas sexuais dissidentes, rejeitadas socialmente, seu desafio maior à alma, e com elas pode tantas vezes fazê-la adoecer. Mas, o que quer a alma quando toma um caminho luxuriante? E o que é mesmo esse caminho quando tornado desviante?

A rota desviante ilumina aquela que a psicologia chama de normal. Sadismo, masoquismo, exibicionismo, fetichismo, *frotta-*

ge, pedofilia, sodomia, voyeurismo, incesto, coprofilia, urofagia, zoofilia, necrofilia, felação e cunilíngua são algumas de suas modalidades mais conhecidas e repetidas. Ilustres personagens, da ficção e da vida real, gênios da literatura, das artes e das ciências, políticos e generais famosos – uma gente de aparência muito decente está entre os famosos adeptos, no privado de suas vidas ou de suas relações, de uma ou mais dessas práticas. Além do que podem imaginar, hoje e sempre, ilustres ou não, de forma sempre surpreendente e infinitamente, as almas anônimas de eternos apaixonados pelas mais inusitadas taras. Para uma visão mais completa desse eros é preciso recorrer, além da psicologia, aos poetas e romancistas. Aqueles livros, o Marquês e essas práticas dão conta de nos mostrar maneiras de amar que estão no limite do humano, lá onde o próprio amor está no limite do horror.

Incidem sobre essas práticas tabus mais ou menos severos, mais ou menos explícitos. Os prazeres da carne e os amores do espírito que representam atentados aos costumes sempre foram considerados da perspectiva da baixeza e da vulgaridade. A polícia, o sistema judiciário, as religiões e a psiquiatria dão conta deles classificando-os de crime, pecado ou doença. A psicologia também segue a rota da classificação e os aborda sem alma, com medo. Medo e amor formam uma conjunção arquetípica poderosa, muitas vezes destrutiva. Se por um lado o amor, qualquer amor, mete medo, por outro sabemos que o medo é uma das formas de não amar. Mas não ter medo faz parte dessas formas do amor perverso. Então, antes de mais nada, deixemos o medo de lado também aqui para podermos observar mais psicologicamente o amor dessas almas perdidas, o amor perdido nessas almas.

Portanto, dentre as noções que precisam ser vistas está, antes de mais nada, a que a psicologia analítica comumente chama de "amor terapêutico". Com esse amor, ela trabalha. Com nosso tema, essa noção se complica bastante. O impulso moralizador espreita e, com ele, seu reducionismo. Como amar – na psicoterapia, na transferência e mesmo fora delas – essas formas tão tortas do amor? No entanto, com elas, no amor dito perverso, é que eros mostra mais profundamente sua conexão radical com psique. Um "eros terapêutico" aqui sustentaria então um interesse vivo por todas as manifestações da alma, pelas imagens e emoções que ela necessita em seus caminhos anômalos que misturam de forma rara prazer e tabu – por mais que com esses difíceis caminhos a psique possa revelar algo estranhamente desalmado, desumano, desqualificado. Algo que muitas vezes parece repulsivo, cruel ou até amedrontante. Eros aqui significa um interesse que não moraliza. Há estados de alma, e mesmo um estudo da alma, nas aspirações ditas "pervertidas".

A propósito: quando a psicologia chama ou rotula alguma pessoa de *pervertida*, devemos ter em mente que, na verdade, o que se quer dizer é apenas e rigorosamente que ela "goza em certas condições"[24]. Como psicoterapeutas, essas "condições" nos interessam, assim como deveria nos interessar qualquer tipo de gozo. Essas condições são, afinal, arranjos da alma.

A psicologia arquetípica nos ensina, entretanto, que não devemos colocar em primeiro lugar os sentimentos e as emoções que essas práticas provocam, os quais tão facilmente podem logo nos colocar diante de nosso próprio imenso choque, evidentemente nos paralisando. Devemos, ao contrário, "examinar a atrocidade em termos da imagem"[25], pois nas imagens encontramos as figurações míticas nas quais a alma encontra-se enredada e, no mito, seu desfecho e sentido. Vamos, assim, ficar com as imagens.

---

24. ULLERSTAM, L. *As minorias eróticas*. Rio de Janeiro: Lidador, 1967, p. 33.
25. HILLMAN, J. *Entre Vistas...* Op. cit., p. 186.

Pois, se acreditarmos que as patologias são mesmo "formas de amar, maneiras de penetrar no amor"[26], como disse James Hillman e indicou C.G. Jung, poderemos, sem tirar conclusões, buscar nessas imagens patologizadas do amor caído a alma que revela sempre sua profundidade ilimitada.

Querer ver no erotismo, na imaginação sexual, o amor, como quero fazer aqui, é imaginar que tanto um quanto outro estão cheios de alma, ou que a alma neles se enche de significado e propósito. "O amor é a metáfora final da sexualidade", disse Octavio Paz num dos livros mais belos sobre o amor: *A dupla chama*[27]. Algumas de suas observações são importantes para este nosso contexto, pois, como lá também afirma, "o certo é que o trânsito da sexualidade ao amor se caracteriza tanto por uma crescente complexidade como pela intervenção de um agente que leva o nome de uma linda princesa grega: Psiquê"[28]. Esse "agente" está sempre presente. É nosso único fio condutor aqui também, nesse emaranhado de atrocidades.

II

Com que facilidade falamos do amor! E com que facilidade nos esquecemos de suas torturas, de suas tortuosidades, seus descaminhos. Ou, melhor dizendo, de seu "tenebroso esplendor" (Caetano Veloso) – no que é e *também* no que não é considerado patológico. Temos conseguido, com total prontidão, esquecer do amor nas suas taras e perversões, largando (e não alargando) o amor ao entendê-las confortavelmente apenas nos rótulos criativamente horrorosos da sexologia, em algum capítulo excuso das patologias

---

26. Ibid., p. 193.
27. PAZ, O. *A dupla chama*: amor e erotismo. São Paulo: Siciliano, 2001, p. 97.
28. Ibid., p. 96.

sexuais. Mas será só isso? Não teremos aí então um cenário sem alma? Não enterramos assim, na sexualidade, várias faces do amor, deixando-o nas mãos terríveis de uma Afrodite furiosa e destemida, que a tudo absorve, a tudo então porno-grafa, grafando obscenidades eróticas numa linguagem sem alma? Lembremos que é em seu altar que normalmente fazemos nossos sacrifícios para o amor e para Eros. E que ela, a deusa do encanto que excita o desejo, também participa na "selvageria do demoníaco"[29], pois em seu mundo encerram-se "todas as criações e desejos amorosos, desde o obscuro impulso animal até o anseio saudoso das estrelas"[30]. Assim, ao falar do amor, precisamos evitar entendê-lo de modo linear: o erotismo se desprende da sexualidade ("desviando-se de seu fim, a reprodução"[31]) e já é o amor; uma face, não um estágio do amor. O erotismo é imaginação, é alma[32].

Portanto lá, precisamente nesse capítulo, neste departamento da psicologia – psicologia da anormalidade – é o amor que também brilha, agora com seu sol negro (*sol niger*), pois é a alma no fundo que move essas paixões perversas e que busca sempre alguma coisa com elas. Onde há alma, há amor, nos informa eternamente o conto de Eros e Psiquê. Contudo Eros tem um aspecto duplo: é solar e noturno. E é noturno não só no sentido de sua invisibilidade, mas também no sentido dessa sua luz negra. Sem o preconceito da racionalidade egoica de uma psicologia da normalidade, abrimos generosamente nossos olhos e nossas janelas para a alma – *onde* quer que ela esteja, *como* quer que ela esteja

---

29. OTTO, W. *Os deuses da Grécia*. São Paulo: Odysseus, 2005, p. 225.
30. Ibid., p. 146.
31. PAZ, O. *A dupla chama*: amor e erotismo. Op. cit., p. 28.
32. O erotismo é "sexualidade transfigurada pela imaginação humana" (PAZ, O. *A dupla chama*: amor e erotismo. Op. cit., p. 24).

se quebrando, torcendo-se, ou mesmo, no limite, despindo-se de si mesma. Lá, deveremos encontrar o amor.

Em 1964, com a publicação de um livro surpreendente que ficou muito famoso pelo então inusitado de seus raciocínios, o psiquiatra sueco Lars Ullerstam transformava as tais parafilias em "minorias eróticas": um marco na linguagem que traduz um passo significativo no sentido da compreensão. Quero segui-lo. O livro *As minorias eróticas*[33] procurava e propunha um entendimento mais amplo e considerado daquelas pessoas que estão ou estiveram à mercê da alma servindo-a com práticas amorosas decaídas e muito sofridas. Procurava entendê-las separando a casuística criminal (que sempre informou as conclusões médicas nessa área, com sua horda de criminosos, assassinos e abusadores) das legítimas histórias de sofredores anônimos – o que permitiu-lhe abrir pela primeira vez um perfil mais honestamente psicológico, mais complexo e generoso dessas criaturas da sombra. Logo o livro entrou para a lista dos banidos ou interditos da história, uma lista imensa onde constam, entre outros autores, Apollinaire, Lawrence Durrell, Rimbaud, Henry Miller, Walt Whitman, Voltaire, Genet, Gide, Havelock Ellis, Verlaine, Anais Nïn, Krafft-Ebing, o Barão von Sacher-Masoch e o próprio Sade, com *120 dias de Sodoma* (1785). Sem levar tão a sério o que ele diz, sem atentar aqui para seu conteúdo literal, o livro do Dr. Ullerstam é nosso ancoradouro imaginal. Vamos entrever algumas das breves descrições de seu livro apenas como evocações dessas imagens de voluptuosas perfídias, pois elas já são, para nós, descrições predominantemente psicológicas, não médicas.

Evidentemente, todos os rótulos, todas as explicações, sempre tão frágeis, não nos ajudam a entender nada, apenas descre-

---

33. ULLERSTAM, L. *As minorias eróticas*. Rio de Janeiro: Lidador, 1967.

vem. E não sou eu que vou dizer o que quer a psique, seja nessas perversões e taras ou em qualquer outra situação. A tamanha pretensão jamais me atreveria, especialmente aqui, diante de imagens que tanto nos desestabilizam, presentes nos sonhos, nos comportamentos e nas ações da fantasia. No entanto, sei que, para abordar essas formas raras do amor e da imaginação exasperada do ponto de vista da alma e de suas fantasias, é importante também distinguir o obsceno do imoral, o sexual do pornográfico.

III

Poderíamos, cada vez mais hoje em dia, enumerar tantas e tantas assim chamadas taras e perversões quanto se desejasse imaginar. Basta acessar a internet e passear um pouco pelas salas de bate-papo e encontro, muitas criadas pelos próprios usuários, que teremos uma visão ampla, surpreendente e criativa da imaginação do amor nesse campo dito mais erótico. Mas vejamos, ilustrativamente apenas, alguns dos exemplos mais tradicionais desses pesadelos do amor.

Começando pelo marquês, no sadomasoquismo, a busca e a prática da destruição e da tortura na obtenção do prazer revelam a volúpia da dor, física ou moral: *algolagnia*, a dor levada como volúpia. Estamos diante da verdade de que "a dor é a mais forte de todas as sensações e seu efeito, incontestável e seguro" (p. 89). "Existem muitos exemplos de casamentos extravagantes entre homens masoquistas e mulheres sádicas. [...] querem ser tratados como escravos, meninos, animais (cão, cavalo) ou objetos (tapete) por sua amada [...] Existem homens que se casam para experimentar a maravilhosa humilhação de servir à sua mulher e ao amante desta durante seus folguedos" (p. 85, 87). O sadomasoquismo explicita e eleva a potência da experiência de que toda sexualidade, todo amor, contém um elemento teatral. O ato, no sentido cênico, torna-se linguagem, e a linguagem, identidade. Mas é preciso pensar também na violência moral, ou poética, dos insultos, ordens e afrontas, que intensificam a presença das dialéticas do poder no amor sadomasoquista. Dominação, submissão, humilhação, opressão e mando empurram a gramática desse amor a seu polo patologizado, para a perfeição da dor. Os libertinos do marquês, e todos os seus descendentes, são arautos do amor sofrido, do sofrimento do amor.

"Quando as coisas que, segundo a concepção atual, são indecentes, sujas e repugnantes, tornam-se sexualmente atraentes, fala-se do instinto das imundícies"; fala-se de coprofilia. A coprofilia, no entanto, indica também a boca suja, os desvios e as fugas vocabulares dos palavrões e insultos sujos, a utilização do linguajar chulo para a obtenção do prazer e do gozo. O que temos então é a repugnância levada à voluptuosidade: sentir prazer quando há sujeira, quando as coisas são sujas; a "necessidade da repugnância", o amor pelo sujo.

> Por exemplo, é muito comum que adultos gozem sexualmente o fato de poderem sujar-se como crianças. Alguns exigem que a mulher vista peças íntimas já usadas durante o ato sexual. Existem homens que só se satisfazem sexualmente quando sujam um vestido. Às vezes, unhas femininas pretas de sujeira bastam para provocar o orgasmo. [...] Homens requintados têm confessado que só podiam dormir com mulheres vulgares. [...] outra maneira de atingir o clímax sexual é expor-se a odores ou a gostos repugnantes. As secreções humanas como a urina e o suor são particularmente utilizados [...] Para alguns as axilas tornam-se objetos sexuais interessantes. Outros não hesitam em engolir excrementos (coprofagia), de preferência saídos diretamente do ânus. [...] Comer o alimento que o outro já tenha masti-

gado, ou praticar a *fellatio* engolindo o esperma são variantes mais benignas. O limite da repugnância e da voluptuosidade é imperceptível (p. 81, 83).

Amor pelo sujo, amor sujo.

Na necrofilia encontramos a também poderosíssima conjunção arquetípica de amor e morte, da qual dá testemunho boa parte da história da literatura, da pintura e dos contos populares (a Bela Adormecida, Ofélia são exemplos). Sabemos que, "para o necrófilo, o objeto sexual ideal é um cadáver" (p. 111). É gente atraída pela poética da palidez, por mulheres pálidas ou adormecidas: a carne marmórea, a amante gelada. A profanação, não de cadáveres, mas do sono infindável atesta um amor pela frieza, um amor frio. É preciso mesmo muita frieza, por debaixo do vulcão da paixão, para sofrer a imaginação necrófila.

A pedofilia, por outro lado, é o caso mais complicado de se entender. Naturalmente, ela é indefensável, como o estupro. Aqui, ficamos com a imagem do defloramento precoce, ou da precocidade deflorada: o menino/menina da alma; amores adolescentes, a adolescência do amor. Amor por deflorar a pureza.

> Essa tendência é, decerto, frequente, embora poucos queiram atribuí-la a si próprios ou reconhecê-la perante os outros. A sexualidade de certas pessoas fixa-se unicamente nas crianças que se tornam, para elas, os únicos objetos desejáveis. [...] Tanto encontramos indivíduos despidos de qualquer inibição como cheios delas, com todas as variantes intermediárias. Os primeiros constituem um grupo particularmente trágico. Alguns são infantis, brincando mais com as crianças do que qualquer outra coisa, não sendo raro procurarem seu prazer sexual no círculo que habitualmente frequentam. [...] A criança muitas vezes dá mostras de notável lealdade para com o culpado. [...] Numerosos

pedófilos são pessoas particularmente afetuosas e calmas, incapazes de fazer mal a uma mosca. Amiúde, cria-se uma relação plena de ternura e de contatos sexuais repetidos. A criança recebe doces e uma ternura física que não encontra em sua casa (p. 76, 77).

O onanismo, como tara, pode nos recuperar, no limite, uma visão da mulher de plástico, inflável, e mesmo da mulher, ou do objeto sexual, vegetal: as plantas.

A zoofilia, também chamada de bestialismo, pode ser vista como uma tentativa de comunicação interespécies. Aparece amiúde na mitologia grega com grande dignidade. Trata-se, no mais das vezes, de uma forma importante de iniciação sexual. "Os animais utilizados com maior frequência são os bezerros, carneiros, cães, gatos, patos e galinhas. A relação mais comum é o coito; depois os casos em que o animal lambe o pênis e o ânus do adolescente e, finalmente, certos casos em que o próprio adolescente acaricia oralmente o órgão sexual do animal. Às vezes desenvolvem-se relações amorosas que tomam aspecto de verdadeiro fascínio erótico, com fixação de uma parte e de outra" (p. 112).

Na escotofilia – satisfazer-se visualmente, observar – atestamos ainda mais o *poder da imagem*, pois nela o orgasmo dá-se à visão de cenas amorosas. São os vedores (*voyeurs*). É onde podemos incluir mais explicitamente todo o campo da pornografia, o erótico grafado visualmente. Prazer e visão, amor por ver (não por ser visto!). As janelas indiscretas, o auxílio dos binóculos, a obscuridade (antes dos parques, hoje da internet), o caminho aberto pelas lanternas, os banheiros públicos e suas possibilidades visuais. Aqui

> o espetáculo de certos acontecimentos se tornou uma necessidade *sexual*. [...] Para muitos escotófilos, o espetáculo de um desnudamento ou da simples cópula

constitui a melhor fonte de prazer. Outros dependem de estímulos especiais como a visão de alguém urinando, ou cenas de zoofilia, de lesbianismo, episódios grotescos ou sadomasoquistas. [...] Às vezes, o estímulo não precisa, forçosamente, ter um matiz sexual. Por exemplo, existem homens que podem atingir o orgasmo vendo cavalos desembestados (p. 103).

Despir-se em público, para o público, caracteriza o exibicionismo. "Podemos dizer que há exibicionismo quando alguém mostra seu órgão genital a outra pessoa com o objetivo de obter um prazer sexual" (p. 66). Prazer, não de conhecer, mas de ser visto. Inclui uma fantasia de liberdade e pureza. Misto de prazer e vergonha, vergonha e volúpia. Exibicionistas são geralmente tímidos. O desnudamento é uma "declaração de amor simbólica". O desejo de exibir-se dá-se sempre com um forte sentido de ritual:

> O desnudamento em si tem um caráter estereotipado e ritual. O ato é premeditado e tem lugar nos parques ou em escadas particulares, sendo o público composto de mulheres e às vezes de crianças. O exibicionista é sóbrio e amiúde tem sua retirada preparada. A finalidade é atrair a atenção dos espectadores para o membro viril. Se estiver escuro, ele o iluminará com uma lanterna. Quando observar a reação da mulher terá uma ereção e, em seguida, muito rapidamente e sem masturbação, ejaculará. O momento de surpresa é o mais importante. Muitas vezes ele procura uma reação de repugnância; em compensação, não tem grande interesse na cópula e se a mulher fizer avanços o prazer desaparecerá (p. 67).

Haveria ainda a mencionar, entre tanta coisa, o fetichismo, onde podemos ver o mundo animado; a *frottage* (esfregação), como um enlace de contato e volúpia; a formicofilia (onde o foco da excitação provém de pequenos animais como formigas, caracóis ou rãs, que percorrem certas partes do corpo, especialmente os genitais, os mamilos e a região perianal); a clismafilia (quando a excitação resulta do uso de um clister); os telefonemas obscenos; o *cross-dressing*; o incesto; e ainda, mais moderna e aterrorizante, a asfixia autoerótica, que consiste na indução de um estado de asfixia cerebral, através da constrição do pescoço por um cinto, ou um laço, enquanto o indivíduo se masturba: o fluxo sanguíneo cerebral é restringido parcialmente, resultando em falta de oxigênio, o que diminui a inibição cortical normal, o que dá então num orgasmo mais intenso, mas também num risco de morte acidental, se o praticante desmaia antes de poder soltar-se do laço.

Mas deixemos nossos exemplos por aqui.

IV

É preciso muita compaixão para encarar fenômenos como esses, na clínica ou fora dela. Também muita reflexão. O amor é sempre exigente, sempre nos levando ao limite, de um jeito ou de outro – limites de nós mesmos, limites de nossa compreensão, limites culturais, emocionais. O amor leva a alma para onde deseja. "A flecha cai onde quer; só nos resta segui-la"[34]. Ele nos deixa na fronteira, é fronteiriço ele mesmo, sempre algo entre loucura e sanidade. Loucos de amor, dizemos. E o que não fazemos por amor? Quem já não experimentou? O amor quer sempre nos tirar de nós mesmos, e talvez seja isso o que se apaixonar significa: é uma queda (*fall in love*), uma queda para fora de nós mesmos – somos outros, somos o outro. Um tombo. E, no entanto, nesta queda, paradoxalmente, é quando estamos mais transparentes: uma queda

---

34. HILLMAN, J. *O Mito da Análise*. Rio de Janeiro: Paz e Terra, 1984, p. 92.

para dentro de nós mesmos. É uma solução, no sentido alquímico, *solutio*, algo que nos dissolve, nos desconstrói. Assim, pareceria impossível, e mesmo descabido, falar de amor em práticas e fantasias como as que acabamos de mencionar. Elas são vitórias da imaginação. Nelas, de fato, tudo parece tão longe do normal. Mas afinal... normal? No amor?

5 Psicoterapia, o Mito de filomela e uma cena de Eliot

> *Por isso, nós que acabamos de dar um lugar tão belo à imaginação pedimos modestamente que se saiba dar lugar à cigarra ao lado do frágil triunfo da formiga.*
> Gilbert Durand. *As estruturas antropológicas do imaginário.*

No auge da visão apocalíptica apresentada no poema *The Waste Land* (A terra devastada), de T.S. Eliot, publicado em 1922, há uma cena bastante expressiva para uma reflexão sobre psicoterapia e cultivo de alma. A essa cena, e seus inúmeros desdobramentos psicológicos, quero voltar nossa atenção nessas breves notas.

Assim como acontece com a psicologia junguiana, a compreensão da obra poética de Eliot, repleta que está de uma visão psicológica e mítica de estupenda profundidade, cresce com o passar dos anos. A terra devastada é uma grande reflexão sobre a esterilidade da vida contemporânea e permanece, a meu ver, ainda muito relevante quase um século depois de vir à luz, tanto do ponto de vista dos ensinamentos psicológicos contidos no poema, quanto do ponto de vista estritamente estético. A esterilidade emocional, espiritual e intelectual do homem moderno – refletida já na imagem de uma terra devastada do seu título – é tratada por Eliot contra o pano de fundo dos mitos e ritos de fertilidade egípcios, hindus e gregos; dos ciclos de renovação na natureza e suas cerimônias de vegetação; e das lendas do Graal, especialmente a do Mito do Rei-pescador e sua doença misteriosa. O poema como um todo, ao longo apenas de seus 433 versos, é considerado um épico moderno, concentrado, de extrema complexidade técnica e temática, farto de alusões mitológicas, literárias e antropológicas que estarrecem o leitor na composição de uma imagem única de desespero e fragmentação, e de anseio de renovação, que ele nos convida a construir. Aqui, quero rapidamente pôr em relevo uma de suas inúmeras cenas, e o mito a que ela se refere.

A cena dá-se logo na abertura da segunda parte do poema, intitulada sugestivamente "Uma partida de xadrez" ("A Game of Chess"), e traz uma dramaticidade silenciosa, uma abertura para os sentidos e uma ironia inquietante naturalmente evocadas pelo cenário luxuoso que desenha. Esse cenário, veremos, já nos coloca numa atmosfera de pressão emocional e de sedução sensorial próprias para uma autêntica evocação da *anima*.

Deixem-me prepará-los para ouvir a cena. Ela descreve minuciosamente o ambiente sofisticado e claustrofóbico do *boudoir* de uma dama. Com ela está seu marido, ou amante, silencioso. É também principalmente o "retrato" dessa dama que possui algo de rainha ou de princesa, e as alusões do próprio Eliot, nas "Notas" que acrescentou ao poema desde sua primeira edição, aludem nada menos que à presença de Cleópatra – de uma Cleópatra moderna, da alta classe urbana, nervosa e assustada, estéril e desamparada[35]. É um retrato da vaidade. Todo o ambiente está envolto em perfumes, aromas, luz e sombra; resplendor de joias, mármore, candelabros, vultos. A superficialidade de um mundo decorado e mudo. Seu nome,

---

35. Com uma nota ao verso 77, primeiro dessa parte do poema, Eliot nos remete a Shakespeare, *Antony and Cleopatra*.

Belladonna, representa a antítese da ideia de fertilidade: "sugere veneno e o entorpecimento da sensibilidade"[36].

Há, nesse cenário de luxo e nobreza, em seus objetos, referências a diversos mitos. Entre eles, e de modo mais significativo para toda a passagem, como veremos, Eliot nos remete ao Mito de Filomela, e o faz com a sutileza inusitada de quem insere uma imagem dentro da outra, como nos sonhos, costurando-as de forma surpreendente. Quero chamar a atenção para esse procedimento. Por meio de um recurso estilístico mais próximo do cinema do que propriamente da literatura, esse mito é sugerido através de uma tela, que representa a cena de Filomela metamorfoseada em rouxinol, colocada acima da lareira, que o olhar percebe à medida que percorre o ambiente, como uma câmera em *travelling*. A imaginação dramática de Eliot (também um autor de teatro) permite a inclusão desses diversos níveis na narrativa e nos autoriza falar de uma sobreposição de cenas: de uma passamos para dentro da outra, simultaneamente, para retornarmos à original com ganho significativo de profundidade temática. No entanto, como o quadro decorando a lareira, outros tantos objetos igualmente cultos e obras de arte, também elegantemente dispostos, atestam nesse ambiente apenas "murchos vestígios do tempo" (*"withered stumps of time"*). Não falam com a protagonista.

O mito a que o quadro nos remete, como uma janela que se abre na parede desse quarto de madame, conta a história que envolve Filomela e Procne, filhas de Pandíon, rei de Atenas, com Tereu, filho de Ares:

> Tendo havido guerra, por questões de fronteira, entre Atenas e Tebas, comandada por Lábdaco, Pandíon so-

---

36. DREW, E. *T.S. Eliot:* the design of his poetry. Nova York: Charles Scribner's Sons, 1949, p. 72.

licitou o auxílio do trácio Tereu, graças a cujos préstimos obteve retumbante vitória. O rei ateniense deu a seu aliado a filha Procne em casamento e logo o casal teve um filho, Ítis. Mas o trácio se apaixonou pela cunhada Filomela e a estuprou. Para que ela não pudesse dizer o que acontecera, cortou-lhe a língua. A jovem, todavia, bordando numa tapeçaria o próprio infortúnio, conseguiu transmitir à irmã a violência de que fora vítima[37].

Impedida de falar e encarcerada, Filomela tece uma tapeçaria: nela está contada sua história, que ela consegue enviar à sua irmã, Procne. Juntas, então, as irmãs vingam-se de Tereu dando-lhe de comer seu próprio filho, Ítis, que haviam matado. Fazem-no, sem sabê-lo, devorar o filho. Os deuses, por sua vez, impedem Tereu de matá-las em vingança, transformando Filomela em rouxinol e Procne em andorinha. Também Tereu é transformado em pássaro.

Se uma moça, Filomela, entrasse hoje no consultório do analista contando essa história, o que faríamos? Transar com a irmã da mulher, violentar sexualmente a própria cunhada, ou simplesmente o desejo de fazê-lo, é um fenômeno não tão incomum no dia a dia das histórias de consultório. Revela um padrão tragicamente arquetípico. Nesse mito, como em uma cápsula, há todo o horror que pode chegar a retratar a mitologia grega: infidelidade conjugal, rapto, mãe que mata filho, canibalismo, mutilação, ciúme, medo, raiva, vingança, assassinato, violência, crime de penetração, penetração como crime, infanticídio, pactos fraternos sinistros, estupro, defloração virginal, incesto. Mas há beleza também, como vamos perceber.

---

[37]. BRANDÃO, J.S. *Mitologia grega*. Vol. II. Petrópolis: Vozes, 1998, p. 41.

Vejamos, então, primeiramente a belíssima cena de Eliot (II, 77-110), para depois tecermos algumas observações sobre o mito (aqui, utilizo-me da competente tradução de Ivan Junqueira):

> Sua cadeira, como um trono luzidio,
> Fulgia sobre o mármore, onde o espelho
> Suspenso em pedestais de uvas lavradas,
> Entre as quais um dourado cupido espreitava
> (Um outro os olhos escondia sob as asas),
> Duplicava as chamas que ardiam
> No candelabro de sete braços, faiscando
> Sobre a mesa um clarão a cujo encontro
> Subia o resplendor de suas joias
> Em rica profusão do escrínio derramadas;
> Em frascos de marfim e vidros coloridos
> Moviam-se em surdina seus perfumes raros,
> Sintéticos unguentos, líquidos e em pó,
> Que perturbavam, confundiam e afogavam
> Os sentidos em fragrâncias; instigados
> Pelas brisas refrescantes da janela,
> Os aromas ascendiam, excitando
> As esguias chamas dos círios, espargiam
> Seus eflúvios pelo teto ornamentado,
> Agitando os arabescos que o bordavam.
> Emoldurada em pedras multicores,
> Uma enorme carcaça submarina,
> Revestida de cobre, latejava
> Revérberos de verde e alaranjado,
> Em cuja triste luz nadava um delfim.
> Acima da lareira era exibida,
> Como se uma janela desse a ver
> O cenário silvestre, a transfiguração
> De Filomela, tão rudemente violada
> Pelo bárbaro rei; embora o rouxinol

Todo o deserto enchesse com sua voz
Inviolável, a princesa ainda gemia,
E o mundo ela persegue ainda,
"Tiu tiu" para ouvidos desprezíveis.
E outros murchos vestígios do tempo
Evocavam nas paredes o passado;
Expectantes vultos recurvos se inclinaram,
Silenciando o quadro enclausurado.
Passos arrastados na escada. À luz
Do fogo, sob a escova, seus cabelos
Eriçavam-se em agulhas flamejantes,
Inflamavam-se em palavras. Depois,
Mergulharam em selvagem quietude[38].

O Mito de Filomela, a que o poema assim se refere nessa cena, e no qual pretendo me concentrar, testemunha, antes de mais nada, tanto o tema da brutalidade sexual, do estupro, da violação quanto o tema arquetípico da morte/renascimento em sua história de metamorfose. São imagens poderosas de dor e dilaceramento.

A arte de Eliot pensa por imagens, e há muitos símbolos que se conectam nesse quarto e nesse quadro: o candelabro de sete braços, as uvas, as chamas dos círios, fogo na lareira, o delfim, o cupido dourado, vidros de perfume, diversas cores. Muito pode ser dito da inclusão de todos e cada um desses elementos nesse ambiente, e de suas intensas significações simbólicas, certamente propositais. Entretanto, não quero interpretar: quero deixar ver.

A história de Filomela – no poema, um quadro pendurado na parede que se transforma numa segunda narrativa na mente de quem lê – é também, talvez principalmente, uma história sobre comunicação. Esse é a meu ver o grande jogo (*play*) dessa cena de Eliot;

---

38. ELIOT, T.S. "Poesia". *Obra Completa*. Vol. 1. São Paulo: Arx, 2004.

é sobretudo o viés que mais quero salientar: o que comunica? O que comunicar? Como comunicar? A imaginação da comunicação.

Filomela já é, em si, exemplo de uma narrativa dentro de outra narrativa; narrativas que se comunicam. No poema, é a história de uma história de estupro e violação, de violência contra o feminino, contra o feminino arquetípico, violência contra a alma que, não podendo ser "falada", precisa ser contada de outro jeito; e o mito vai tecendo essa narrativa. O mito é, a meu ver, a narrativa de como essa violação logrou ser narrada. Eliot então acrescenta, com sua cena minuciosamente elaborada, ainda outra narrativa àquela do mito, ampliando seu sentido para nosso tempo. Sobreposição e simultaneidade de narrativas. Essa mulher, sentada nesse trono nesse quarto íntimo e mundano, penteia à luz de velas seus cabelos eriçados e flamejantes diante de um espelho suspenso, de costas para a tela que de alguma forma conta também sua história, mas que não se comunica com ela: fracasso na comunicação. Quando essa mulher eventualmente fala, na sequência imediata da cena que estamos examinando, supostamente com o marido que não lhe responde, aparentemente só pensa – também ele presença muda – é só para dizer: "Estou mal dos nervos esta noite. Sim, mal. Fica comigo" (II, 111).

Podemos ver aqui, acima de tudo, um retrato da própria psique, que além de polissêmica, apresenta-se também como multiloquente, multifacetada. Várias camadas simultâneas de sentido, várias falas, como nos sonhos e nas fantasias.

Há, portanto, vários níveis de significado nas diversas imagens que se sobrepõem nessa única cena do poema de Eliot. Ademais, sabemos que o poema inteiro é construído dessa forma. Impressiona, no entanto, a hipercomunicação interna do texto, o que naturalmente já nos faz pensar na tecelagem – uma das principais sugestões embutidas nos versos pela alusão ao Mito de Filomela –

Psique e imagem
61

como um processo próprio da alma, aqui transformado em arte literária. Enxergar o trabalho da psique, especialmente no que se refere aos sonhos e à sua composição, como tecedura, como texto que se tece, foi entrevisto e discutido por Patricia Berry em seu texto "Uma abordagem ao sonho"[39].

A etimologia da palavra latina *textu*, sabemos, tem um significado duplo de "tecido" e "texto", e ainda conexões com "textura" e "trama", que são também as tramas em que vivemos, de que são feitas nossas histórias de vida. Tramar e destramar: arte de tecer. Gilbert Durand, em sua "arquetipologia geral", registra que "os produtos da *tecedura* e da *fiação* são universalmente simbólicos de devir"[40]. Nosso mito confirma isso. Tecendo sua dor, a tapeçaria de Filomela conclama seu devir. E Durand afirma ainda que o tecido é "o que se opõe à descontinuidade, ao rasgo e à ruptura"[41]. Comunicar é continuar.

Assim, podemos dizer que cada sonho nosso conta um pedaço da história maior de nossa violação, apresentada pela Filomela da alma tecelã. Também na psicoterapia o que fazemos é contar nossa história, mostrando como ela está tecida. A alma anseia comunicar-se. É importante então que, como a tapeçaria que contém

---

39. "A palavra *texto* está relacionada com tecedura. Assim, ser fiel a um texto significa sentir e seguir sua tecedura. Quando falamos de colocar um sonho em seu contexto, com o que queremos dizer junto ao texto da vida do sonhador, temos a tendência de esquecer que o sonho é sensorial, tem textura, está tecido em padrões que oferecem um contexto finalizado e completo. A situação de vida não precisa ser a única maneira com que conectar o sonho com esse aspecto têxtil. A imagem em si tem textura" (BERRY, P. "An Aproach to the Dream". *Echo's subtle body*. Dallas: Spring Publications, 1982, p. 59).
40. DURAND, G. *As estruturas antropológicas do imaginário*. São Paulo: Martins Fontes, 2002, p. 321.
41. Ibid., p. 322.

tecida a história de Filomela, também nossa história chegue até ouvidos que possam compreendê-la. Seu mito representa isso.

Filomela, como Eliot, fala por imagens. Ela é o *arquétipo do artista ferido*. Como o do curador ferido, atesta uma dor que é o aprofundamento da comunicação.

Em função desse mito, "filomela" é uma designação poética genérica do rouxinol, que, em função de seu canto, por sua vez simboliza a arte poética como um todo, arte do canto, arte de comunicar. O rouxinol é chamado "filomela" por seu canto doce. Filomela, do latim *philoméla* e do grego *philomèlê* é uma palavra composta de *philo*, "amigo", e *mèlos*, "canto", "melodia". Amigo do canto: o poeta. No Brasil, a filomela, o rouxinol nesse sentido poético, seria mesmo a *patativa*, patativa-do-sertão, boa cantora, tornando-se sinônimo aqui de repentista e poeta, designando até autores na literatura nacional, como Patativa do Assaré, famoso, e isso por conta mesmo do canto maravilhoso do pássaro cinzento da caatinga e das matas, presente em todo o nordeste do país, que faz então para nós as vezes populares dessa metáfora culta.

Nancy Hargrove, comentadora do poema de Eliot, observa que "os mitos representados nos quadros não podem mais comunicar, pois suas histórias não são mais compreendidas [...] portanto, sugerindo a inabilidade dos antigos mitos de fertilidade falarem com o mundo moderno"[42]. Esse é, afinal, o efeito que pretende Eliot: a metamorfose de Filomela, a transformação da dor em beleza, utilizado para expressar um desejo de renovação e renascimento, de transformação e devir, silencia em "ouvidos desprezíveis", nossos ouvidos secos, estéreis, incomunicáveis: ouvidos moucos. Não escutamos a alma. A senhora, cuja presença cosméti-

---

42. HARGROVE, N.D. *Landscape as Symbol in the Poetry of T.S. Eliot*. Jackson: University Press of Mississippi, 1978, p. 71.

ca e narcótica impregna de artificialidade afetada o sentido global dessa cena, está inconsciente de que se encontra rodeada dos "reflexos de seu próprio desespero"[43]: o mito da metamorfose de Filomela serve apenas como decoração em seus aposentos.

Mas a lenda de Filomela é, sobretudo, por onde enxergamos o tema central da metamorfose, talvez a mensagem última tecida neste poema, e tema que se inscreve naturalmente também na imaginação do devir. Para referir-se a Filomela, o poeta, de novo por meio de suas próprias "Notas" (que não deixam de ser ainda outro nível de narrativa no poema), remete-nos a Ovídio, *Metamorfoses*, Livro VI – um livro extraordinário. Ovídio é um dos principais mestres-salas a abrir a imaginação cultural e religiosa da Antiguidade Clássica para nós. A passagem, em Ovídio, é de impressionante evocação plástica[44].

O tema mítico da metamorfose é o tema psicológico da transformação. Na natureza, *metamorfose* é um processo através do qual um animal modifica sua estrutura anatômica ou mesmo metabólica; é habitual nos insetos. No mito, ela é um aspecto importante da ação dos deuses na vida dos mortais. Só os deuses podiam metamorfosear a si próprios e aos outros. Há muitos tipos de metamorfose na mitologia grega, onde ela é um evento-chave em muitas histórias: explica etiologicamente a existência de uma coisa (uma árvore ou um animal, por exemplo), ou explica o desfecho de uma história. Há transformações de deuses e de humanos em mamíferos, aves, plantas, pedra, água, estrela e mesmo mudança

---

43. FEDER, L. *Ancient Myth in Modern Poetry*. Princeton: Princeton University Press, 1977, p. 133.

44. Eliot faz uma segunda referência ao livro de Ovídio e ao tema central da metamorfose no poema no verso 218, onde nos remete às diversas transformações do Profeta Tirésias.

de sexo. Deixa-se de ser o que se era para virar outro. No Mito de Filomela nossas três principais personagens transmutam-se em pássaros. Há aqui a representação de um anseio ascendente. Aqui tudo quer elevar-se acima de horroroso destino. Em termos psicológicos, o tema expressa o arquétipo da transformação, descrito por Jung, base para toda a imaginação da psicoterapia analítica.

Com Filomela e seu mito, com a imaginação artística de T.S. Eliot e com a psicologia de C.G. Jung podemos continuar imaginando mais profundamente *metamorfoses e símbolos da libido*.

6 Tempo, alma, eternidade

O tempo é a imagem da eternidade.
Jorge Luis Borges

Algumas das reflexões tão profundamente elaboradas nos *Quatro quartetos*, último dos grandes poemas de T.S. Eliot, aproximam-nos daquilo que já foi considerado o problema essencial de toda a metafísica, o tempo. E também daquilo que Borges chamou de *hermosa invención*: a eternidade.

Há, na literatura junguiana, trabalhos importantes sobre a questão do tempo, refletida a partir de um ponto de vista essencialmente psicológico. Marie-Louise von Franz é autora de alguns dos mais representativos desses trabalhos, entre os quais o mais tocante talvez seja *Tempo: ritmo e repouso*, escrito em 1978. Nele, ela apresenta e amplia alguns dos mais relevantes mitemas e ideias arquetípicas em torno do problema do tempo, detendo-se nas diferentes noções de um tempo linear e de um tempo cíclico, nas noções de ritmo e, finalmente, na ideia junguiana de sincronicidade que traz, naturalmente, as questões de um tempo transcendente que ela tão bem soube explicar.

O poema de Eliot, como excepcional obra de arte que é, naturalmente se abre, em sua complexidade multifacetada, a várias leituras, desde as de cunho mais propriamente religioso ou metafísico, até as que o abordam do ponto de vista mais estrutural. Aquelas que dão ênfase e que nele veem uma exploração do "mito do significado" foram sempre as preferidas pelos junguianos. Quando citam Eliot, James Hillman inclusive, quase sempre são versos desse poema. Aqui, darei preferência à questão do tempo por concordar com a maioria dos críticos mais importantes da obra de Eliot quando caracterizam, de modo geral, esse seu último poema – uma espécie de testamento artístico e humano – como uma grande meditação sobre o tempo. O tempo é, também para mim, o tema vertebral desses *quartetos*.

Também me apoio aqui, para entender esses poemas, no próprio desenho geral da obra poética de Eliot que, aos poucos, foi deixando de utilizar mais fortemente os mitos e as citações literárias como um recurso de comunicação para chegar, nos *Quatro quartetos*, a um discurso mais direto, já inteiramente independente, ainda que não totalmente livre, da metáfora mítica que nas obras anteriores lhe serviu sempre de base – ainda que o leitor informado possa neles reconhecer várias alusões a simbologias míticas tradicionais, tanto ocidentais quanto orientais (especialmente ao mito cristão). Mas, diferentemente de sua poesia anterior, cujo ponto alto na utilização de alusões mitológicas para a transmissão de uma emoção e de uma reflexão poéticas se dá, sem dúvida, em *A terra devastada* (The Waste Land), sua outra obra-prima muito conhecida, precursora da poesia moderna, seus *Quatro quartetos* podem ser lidos, e até devem ser compreendidos, naquilo que eles diretamente dizem, o que, na minha perspectiva, sugere um ponto de maturação. O leitor de *A terra devastada*, por exemplo, necessita de um sentido histórico e de ampla cultura literária para apreciar totalmente a profundidade da imagem poética. Nos *quartetos* ele necessita apenas da experiência de ler e reler os poemas.

T.S. Eliot nasceu em St. Louis, Missouri, nos Estados Unidos, em 1888, mas adotou, em 1928, após alguns anos já vivendo na Inglaterra, definitivamente a cidadania inglesa. Lá, escreveu uma obra poética e crítica com poucas comparações na literatura mundial, que viria a influenciar e tocar tudo o que se fez e ainda se faz em matéria de arte poética. Muitos já disseram que Eliot "inventou" o idioma moderno, a língua do século XX, com uma poesia feita de uma costura impressionante de vocabulário culto e arcaico, gírias, falas coloquiais, alusões literárias sofisticadas e dialetos populares, formando um inglês que reflete, em sua tessitura, uma imagem real do mundo moderno, multifacetado e fragmentado que, oitenta anos depois, estaria ainda mais visível naquilo que hoje então denominamos globalização. Ivan Junqueira, que entre nós traduziu e estudou profundamente a obra de Eliot, no estudo introdutório que ajuntou à sua tradução da obra completa do poeta, "Eliot e a Poética do Fragmento", caracteriza esta poesia como sendo a um só tempo

> clássica e moderna, revolucionária e reacionária, realista e metafísica, insólita comunhão de sátira e desespero, de pensamento e emoção, de caducidade e transcendência, de liturgia e perversão, de náusea profana e êxtase religioso[45].

Desde "A canção de amor de J. Alfred Prufrock", seu primeiro poema importante de 1915, passando por títulos hoje clássicos como *A terra devastada*, *Os homens ocos* e *Quarta-feira de Cinzas*, até os *Quatro quartetos*, Eliot usou as palavras com uma musicalidade muito particular (que foi por ele chamada a "música da conversa", incluindo então no poema a fala coloquial dos centros urbanos, ainda que repleta de referências cultas) e forjou um método criativo, hoje chamado de "poética do fragmento", que inovou a utilização da língua e, portanto, o sentimento poético. Esse método, com o procedimento de constantes citações, alusões e re-

---

[45]. JUNQUEIRA, I. *T.S. Eliot*: poesia. Rio de Janeiro: Nova Fronteira 1981, p. 17-48.

ferências a obras literárias e mitos tradicionais, formam um tecido poético surpreendente, que visa atualizar toda a experiência histórica e cultural do homem simultaneamente. Na poesia de Eliot esse procedimento de "simultaneísmo" esteve sempre a serviço de um retrato do homem contemporâneo, onde o que se vê é a imagem de um vazio, a imagem de um desconcerto diante da existência, a imagem de um oco, um homem oco – como se adentrássemos, na expressão de Octavio Paz, uma "galeria de ecos" – resultado essencial, em sua análise, da ruptura com a experiência da alma, e com os valores que esta experiência oferece.

Paralela a toda essa genialidade, surpreende-nos sua famosa e controversa declaração onde o poeta se autodenomina um anglo-católico em religião, um classicista na literatura e um monarquista na política. É, entre outras coisas, essa peculiar mistura de conservadorismo e vanguarda, genialidade e banalidade, que fascina e nos prende à figura humana e artística de Eliot.

Portanto, é preciso reconhecer aqui, antes de mais nada, até para não ser engolido por ela, uma certa pretensão ambiciosa em abordar, mais uma vez, este autor e este poema, sentindo o peso de pilhas de trabalhos, ensaios, livros e reflexões que já se fizeram sobre eles – e abordá-los pelo viés da questão do tempo, outra dessas enormidades avassaladoras. Se algum mérito houver, pois, em querer ajuntar ainda mais algumas notas ao sólido e volumoso edifício crítico que os *Quatro quartetos* geraram, será, talvez, o de chamar a atenção, agora dos junguianos, para uma poesia que apresenta, em seu núcleo significativo, imagens radiantes de processos psíquicos inconscientes, pessoais e coletivos, que Jung tentou iluminar com sua teoria arquetípica: a elaboração do encontro com a sombra, a experiência anímica mais elevada, o espanto diante da existência e do divino, o problema religioso e, claro, a questão do tempo.

Os *Quatro quartetos* foram compostos separadamente, um poema por vez, entre 1935 e 1942. A primeira edição conjunta é de 1943. Em 1948, vale lembrar, Eliot recebeu o Prêmio Nobel de Literatura. Faleceu em Londres, onde levou uma vida aparentemente bastante convencional, em 1965, com 76 anos de idade.

Os *Quatro quartetos* formam evidentemente um só poema, uma só peça, que se subdivide em quatro poemas, estes por sua vez subdivididos em cinco movimentos. Já se propôs que os quatro poemas não estariam alinhados sequencialmente, seguindo-se linearmente uns aos outros numa leitura corrente, a formar uma linha crescente de significado; mas que formariam, ao contrário, quatro círculos concêntricos que gradualmente se ampliariam do primeiro ao último, formando um conjunto coeso que se autocomunica. Estruturalmente, para um olhar junguiano, forma-se de imediato a imagem de uma mandala ou, mais especificamente, a imagem arquetípica do *rotundum*, uma imagem não estática de *quaternio*, que se impõe, numa visada global, como uma vivência mais profunda da alma e seus centros. O arquétipo do *centro*, apresentado de forma multifacetada e não estática, está ali constelado, a começar pela própria forma do poema.

Podemos dizer que, rumo ao final de sua carreira literária, e de sua vida, Eliot aproxima-se, como artista, de uma imagem arquetípica de velho sábio e, assim, naturalmente comporá uma poesia que ecoará o encontro mais íntimo e organizado com as profundidades do ser: para nós, um caminho de individuação, realizado na arte. A imagem mais precisa talvez seja a do *senex* criativo. Assim, o problema do tempo naturalmente tornou-se um tema para a poesia de Eliot.

O que está refletido nesse movimento da obra de Eliot de uma trajetória pessoal já abordei em outro trabalho, onde pude estabelecer uma relação entre suas primeiras obras-primas (no caso, *A terra devastada*) e o encontro com a *sombra*, no sentido junguiano do termo[46]. Sabemos muito pouco sobre a vida de Eliot e o tipo de homem que ele foi. Contudo perseguimos, especialmente na obra poética, pelas imagens e símbolos que traçam para nós um caminho de individuação. *A terra devastada* é um poema sobre a obscuridade e o fracasso do mundo moderno, que apenas reflete, de forma pesada, a debilidade da experiência humana imemorial: um poema profundamente pessimista e desesperado, escrito depois da Primeira Grande Guerra, publicado em 1922 – um ano especial para a arte moderna, tanto no Brasil (Semana de Arte Moderna, em São Paulo) quanto no mundo; ano também da publicação do *Ulisses*, de James Joyce (que Jung comentou num ensaio de 1932). Mas *A terra devastada* é também um poema sobre a escuridão dentro de Eliot. Essa escuridão, essa sombra, aos poucos, ao longo da composição de seus grandes poemas, e por meio do impacto do mito cristão e da aceitação do mistério da fé em sua vida, vai dando lugar a uma visão cada vez mais cristalina da condição humana. Aqui sugiro que a individuação de Eliot o leva, em seus estágios mais avançados revelados pelos *Quatro quartetos*, a uma consciência, por um lado, do tempo como um fluxo contínuo e, por outro, da intersecção do tempo e do atemporal – tempo e eternidade. Os *Quatro quartetos* são sua resposta ao tempo.

Nos *quartetos* temos um homem já inteiramente expurgado da experiência com a obscuridade (em grande parte porque profundamente tocado pela vivência religiosa), inteiramente reconciliado com a situação psicológica de sua existência, com seu *daimon*. Um dos críticos do poema caracteriza aquele que neles fala

---

46. *Entre duas águas: arte, mito e individuação na* The Waste Land *de T.S. Eliot* [monografia de graduação apresentada à Associação Junguiana do Brasil-AJB, para obtenção do título de analista].

como "velho, seco, filosófico, religioso e, mais importante, um poeta"[47]. (A alma seca é a mais sábia e a melhor, disse Heráclito.) Naturalmente, a simbologia ordenada do *quaternio* se lhe impôs, bem como a preocupação com o tempo e a transcendência.

Helen Gardner, sem dúvida a mais penetrante e perspicaz estudiosa da obra poética de Eliot, em seu indispensável e definitivo *The Art of T.S. Eliot*, reforça a impressão de que os *Quatro quartetos* são um poema sobre a experiência religiosa, um poema sobre como "a mente descobre a verdade religiosa: verdade que interpreta para nós toda nossa experiência da vida"[48]. (A propósito, Gardner, por alguns comentadores chamada de *Dame*, abre seu livro com uma observação contundente, já na primeira frase: *"Mr. Eliot... has by now created the taste by which he is enjoyed."* ["O Sr. Eliot... terá já criado o gosto pelo qual é apreciado."] – nada mais deslumbrante para se dizer de um grande criador.) Ela procura também relacionar os poemas com a simbologia dos elementos básicos da vida natural. Cada um deles está ligado e se inspira fundamentalmente em um desses quatro símbolos: ar, terra, água e fogo. Sua abordagem não é a de fixar esses símbolos, mas a de procurar ampliar as metáforas já presentes na composição desses quartetos. O poema como um todo será finalmente, podemos dizer, a quintessência desse processo, a pedra filosofal que reúne os paradoxos do tempo e do não tempo, da existência e da não existência, do sagrado e do profano, do cotidiano e do transcendente. A meditação eliotiana sobre a transcendência está, portanto, paradoxalmente apoiada nas metáforas da matéria, como que sonhando uma reconciliação de opostos entre espírito e corpo, via poesia, ou seja, via uma experiência estética, uma experiência de alma.

---

47. MOYNIHAN, W.T. "Character and Action in *Four Quartets*". In: WAGNER, L. (org.). *T.S. Eliot*: A Collection of Criticism. Nova York: MacGraw-Hill, 1974, p. 75.
48. GARDNER, H. *The Art of T.S. Eliot*. Londres: Faber and Faber, 1949, p. 61.

Ainda outras analogias foram estabelecidas a partir da substância de cada um dos quartetos no sentido de iluminar seu significado geral mais profundo: aquela que evoca para cada poema uma estação do ano e, ainda, aquela que os relaciona aos quatro pilares da liturgia católica: Anunciação, Encarnação, Redenção e Ressurreição. O número quatro, como sabemos, irradia amplificações ricas e poderosas no pensamento simbólico.

Vejamos então como estão estruturados os *Quatro quartetos*.

Embora não haja nenhuma relação direta ou determinante, todos os poemas têm seus títulos derivados de situações geográficas. O título do primeiro quarteto, *Burnt Norton*, é o nome de um castelo situado perto de Campden, no Condado de Gloucester, Inglaterra. Foi composto em 1935 e pode ser relacionado ao elemento ar. *East Coker*, o segundo poema, é o nome de uma aldeia nos arredores de Yeovil, no Condado de Somerset, também na Inglaterra, de onde partiu, para a Nova Inglaterra, um dos primeiros ancestrais do poeta, em 1667; foi escrito em 1940 e relaciona-se ao elemento terra. O terceiro quarteto, *The Dry Salvages*, tem seu nome retirado de um pequeno grupo de ilhas rochosas na costa de Massachusetts, na Nova Inglaterra, perto do Cabo Ann, onde o poeta viveu sua juventude; foi escrito em 1941 e relaciona-se ao elemento água. O título do último dos poemas, *Little Gidding*, é o nome de uma aldeia localizada no Condado de Hundington, Inglaterra; escrito em 1942, relaciona-se finalmente ao elemento fogo. Do ar até o fogo, temos então uma espécie de plano dentro do poema.

Mas uma outra maneira de descrever a estrutura dos *quartetos* é a que nos leva, obviamente, à metáfora musical. É muito conhecida a analogia que se fez entre este grande poema de Eliot e a sublime música de Beethoven, especialmente seus últimos e geniais quartetos para cordas, escritos quando o compositor já estava completamente surdo. Helen Gardner detém-se na elaboração desta analogia e entende a subdivisão de cada poema em cinco partes como a subdivisão em movimentos na música de concerto, como acontece de fato na sinfonia clássica, na sonata ou no quarteto. O quarteto de cordas é considerado o mais exigente e difícil dos gêneros da música instrumental. Beethoven revolucionou o clássico quarteto de cordas assim como ele foi desenvolvido anteriormente por Mozart e Haydn, embora suas composições tenham sido consideradas difíceis e inacessíveis em seu tempo. Hoje são obras de referência no gênero, tanto quanto o é a poesia de Eliot.

A referência musical, no entanto, não está apenas sugerida pelo título do conjunto de poemas, nem meramente por sua estrutura, que segue com rigor o esquema que rege o desenvolvimento do quarteto e da sonata clássica (dividida em cinco movimentos), mas também pelo modo como as imagens estão dispostas e elaboradas: elas ressurgem, às vezes frases inteiras ressurgem, modificadas pelo novo contexto em que aparecem, como de fato frases musicais retornam num concerto, ou no quarteto, desenvolvidas por diferentes seções de instrumentos, para aprofundar um tema, ou mesmo para atualizar de modo diferente o sentimento ligado a elas – aquilo que chamamos de recorrência temática. Outros procedimentos nitidamente musicais são também encontrados na composição dos *Quatro quartetos*, todos com a intenção de reforçar o sentido de ritmo e estrutura que o poeta necessita para falar do tempo.

Música e tempo guardam uma relação fundamental. Também podemos dizer que a música só acontece no tempo, como a existência. Se esse poema é, como dizíamos, uma meditação sobre a existência no tempo, e sua transcendência, nada melhor que uma metáfora musical para contextualizá-lo e dar-lhe o sabor específico. Trata-se de uma apresentação simbólica do fluxo da vida. O poema tentará o contraste entre este fluxo e o momento que dele escapa. É sobre esse momento de intersecção entre tempo e eternidade que versa Eliot, e seus versos ensaiam, para o leitor, a experiência desse escape.

Nos *Quatro quartetos* Eliot está em busca do sentido transcendental do tempo, das "perspectivas transcendentais do destino humano", como já disse Ivan Junqueira. O objetivo é, como mencionei, evocar o ponto de interseção entre o tempo e o atemporal, o momento em que o tempo é conquistado. Contudo, o tempo só poderá ser conquistado no paradoxo, quando aceitamos que "tudo é sempre agora". A psicologia junguiana, especialmente em sua lição de alquimia, também nos ensina a caminhar por paradoxos. A imagem com a qual Eliot procura descrever essa experiência, que está na verdade muito além das palavras, é o "imóvel ponto" de um mundo que constantemente se move. Aqui temos a escolha da imagem contrastante da dança e do repouso, presentes no poema. São imagens arquetípicas: o *point-repos*, este ponto de equilíbrio de onde escapamos do tempo, está no coração do movimento e, assim, passado e futuro aí se entrelaçam – "devemos estar imóveis e contudo mover-nos", diz Eliot apontando para o paradoxo da permanência na mudança. "Exceto por este ponto, o imóvel ponto,/Não haveria dança, e tudo é apenas dança."

O paradoxo entre repouso e movimento está espalhado por todos os poemas que compõem esses *quartetos*. A exploração desse paradoxo está sabidamente apoiada na filosofia de Heráclito – como disse Hillman, esse primeiro psicólogo da história – que tem uma concepção do tempo como um fluxo perpétuo, onde nada é, pois tudo está-se fazendo. Heráclito é o primeiro, na tradição do pensamento ocidental, a interiorizar e, portanto, "psicologizar" o tempo. São de Heráclito, lembremos, as duas epígrafes do conjunto de poemas: a primeira, "Embora a razão seja comum a todos, cada um procede como se tivesse um pensamento próprio"; e, a segunda, a célebre citação que irá ecoar depois com os alquimistas herméticos, "O caminho que sobe e o caminho que desce são um único e mesmo caminho".

Com relação especificamente à questão do tempo, é conhecida a metáfora heraclítica que diz que não se pode entrar duas vezes no mesmo rio. Ou seja, tudo se encontra em estado fluente. Essa imagem do rio, do tempo (e mesmo da vida, da alma e da consciência) como um rio ou como um fluxo, Eliot irá explorar, agora em contraste com o mar, numa das mais belas passagens do poema – no primeiro movimento de *The Dry Salvages*: "O rio flui dentro de nós, o mar nos cerca por todos os lados." O rio e o mar: duas metáforas para a apreensão do tempo, bastante conhecidas da filosofia. O rio dentro de nós, o mar à nossa volta, imagens que nos jogam para dentro do contraste entre o tempo sentido como pessoal, o tempo biográfico de nossas vidas pessoais, com sua noção de fluxo, de encadeamento de eventos, tempo da instância do ego que sente linearmente a cadeia dos acontecimentos; e o tempo coletivo, o tempo histórico, impessoal na sua dimensão mais ampla, mais que humana, que nos circunda e dentro do qual estamos inseridos, a noção de tempo própria da alma, de um tempo que começou antes de nós e que se espalha para além de nós, horizontal e verticalmente – um tempo que, no limite, lança-nos para além da história, quando a alma pessoal toca (ou não se diferencia mais) da alma do mundo, *anima mundi*. Somos levados à consciência desse tempo, nas palavras de Helen Gardner, não por intermédio dos sentidos, mas, note-se, por meio da *imaginação*. "O mar nos cerca por todos os lados" indica uma concepção do tempo mais avançada, mais sofisticada psicologicamente.

O tempo, na perspectiva que Eliot assume nesses poemas, torna-se um processo interior da consciência, absolutamente subjetivizado, um eterno devir que apontaria, em última instância, para além do tempo. São os "momentos sem tempo" de que fala o poema, que tornam o *antes* e o *depois* no *aqui* e *agora*, o eternamente presente. O tempo presente, que a tudo contém, é uma experiência na alma e para a alma. É com ela que sentimos esse eterno devir: "O tempo presente e o tempo passado/Estão ambos talvez presentes no tempo futuro/E o tempo futuro contido no tempo passado".

As imagens de apreensão do tempo também desembocam na metáfora dos viajantes, a metáfora da viagem de trem, presente em algumas partes do poema: "Adiante, viajantes! Não escapareis ao passado/Por viverdes outras vidas, ou em qualquer outro futuro;/Não sois os mesmos que deixaram a estação/Ou que algum final de linha alcançarão." O único real destino é aqui e agora, estamos indo para onde estamos no presente, ou seja, estamos indo rumo ao que somos agora. Nosso destino é nossa realização, segundo a imagem poética. Carregamos passado e futuro para chegarmos ao presente. Estamos suspensos entre a costa desconhecida de onde partimos e o destino incognoscível para onde nos dirigimos: uma alusão à doutrina hindu do *karma*. Somos viajantes, mais que do espaço, do tempo. Não podemos nos livrar do futuro, e nem do passado, que não é somente o nosso passado entendido e sentido como uma mera sequência, mas é também o passado dos outros, e o passado da raça humana.

Com passagens nitidamente em tom de oração, os poemas nos dirigem a uma solução final, no último quarteto, *Little Gidding*, que é, para o poeta, uma solução claramente cristã, onde o Mistério da Encarnação, a solução cristã para o tempo, está inteiramente sugerido. Em seus versos finais, o poema busca pela metáfora do fogo pentecostal, que a tudo purifica. No Mistério da Encarnação está a epítome da experiência da intervenção extratemporal *no tempo*. A Encarnação é, em nossa tradição judaico-cristã, como também sugeriu Von Franz, o "mais radical dos eventos", pois rompe o tempo num *antes* e *depois* completamente diferentes e definitivos. Este é, segundo Eliot, o único mito verdadeiro que poderá ajudar o homem a lidar profundamente com sua desesperada experiência no tempo – que é a experiência do tempo limitado, do tempo mortal. Trata-se da união, para o poeta, com o *logos* divino. Nesse momento, o tempo desaparece.

As implicações filosófico-religiosas dessa meditação já foram por demais exploradas pelos inúmeros comentadores dos *Quatro quartetos*. Aqui, estou explorando seu veio mais psicológico. Atenho-me à questão do entrelaçamento da reflexão eliotiana sobre o tempo com a ideia de individuação, já que um panorama mais amplo do processo artístico do poeta numa perspectiva psicológica foi brilhantemente traçado pelo analista Joseph Henderson em famosos artigos para o *The Journal of Analytical Psychology*, em 1956. Se concordamos com ele na sugestão de que com Eliot estamos diante de um introvertido supostamente com função pensamento superior, assumimos a perspectiva que vê toda sua obra poética como a tentativa da união de pensamento e sentimento, num nítido traçado que busca, para nós, arredondar a mandala tipológica sugerida por Jung. Essa poesia está toda entremeada do diálogo entre reflexões e imagens, meditações filosóficas problemáticas e a experiência da emoção transportada por imagens – ou aquilo que o próprio Eliot chamou de "correlativo objetivo", isto é, a fórmula da correspondência entre uma emoção específica e seu correlato imaginal externo. A mensagem cristã, que tão profundamente impactou o homem e também o poeta, é, fundamentalmente, uma mensagem para o coração, não para o intelecto. A fé no mistério cristão aparentemente lhe deu a base para o sentido de transcendência que Eliot parece ter sempre buscado, como já se pode notar desde os primeiros poemas importantes, inclusive, e mais fortemente, *A terra devastada*.

A leitura de Eliot é uma experiência literária muito profunda. A evocação de imagens arquetípicas, espalhadas por toda sua obra, faz com que Eliot se aproxime de qualquer leitor com aquela intimidade estranha e surpreendente que sempre se constela em nossos encontros mais significativos.

7 Psique e imagem

> Para James Hillman, que professou a imagem.

> *Nosso método, além do mais, não interpreta a imagem, mas fala com ela. Não pergunta o que a imagem significa, mas o que ela quer.*
> James Hillman, *Ficções que curam*, 1981.

I. *Anima*

Em 1970, James Hillman escreveu um artigo para a revista *Spring*, na verdade um pós-escrito editorial, com o título "Por que Psicologia Arquetípica?" Era a primeira vez que se utilizava o termo. Com esse artigo, há mais de quarenta anos, abria-se uma possibilidade de pensar, experimentar e usar a psicologia junguiana numa nova direção[49], uma direção que a colocaria mais próxima da imaginação e da sensibilidade contemporâneas. Logo de início, essa possibilidade visava se distanciar do termo mais comumente utilizado, "analítica" (já tinha sido "psicologia complexa"), exatamente por suas implicações a princípio exclusi-

---

[49]. Para um breve relato histórico do surgimento dessa direção, cf. "Um encontro de Axel Capriles com Rafael López-Pedraza". *Cadernos Junguianos*, 2, 2006, p. 99-126. São Paulo [Revista da Associação Junguiana do Brasil-AJB].

vamente ligadas à prática da psicoterapia. Evidentemente, estamos denominando e delimitando campos ou conjuntos específicos de imagens, campos de forças imaginais. Estamos nos referindo, quando falamos de uma psicologia analítica, a uma psicologia que está baseada num procedimento a que chamamos de *analítico*, ou análise, ou seja, a análise prática de pacientes com fins terapêuticos. De alguma forma ela se restringe, ou se limita, a esse enquadre. Todas as suas conclusões sobre a psique, sobre o fenômeno humano e sua visão de mundo têm sua origem nessa prática e, mais importante, a ela se volta.

Quando se fala de uma psicologia arquetípica, em primeiro lugar está-se tentando escapar do enquadre analítico. Não propriamente excluí-lo, mas deixar de estarmos restritos a ele. "Arquetípico" é uma ideia que permite não só abordar, compreender e atuar na análise individual de pacientes, mas também na compreensão e no aprofundamento de eventos da cultura em geral, daquilo que está, digamos, "fora" dos consultórios. Arquetípico pertence ao humano e também ao mais que humano. Isso traz uma ampliação da perspectiva e do campo da psicologia que nos permite utilizar as categorias do pensamento junguiano na análise também das coisas do mundo e da cultura em geral. Isso é conhecido como uma das vantagens de se usar o *adjetivo* arquetípico.

Encarando o arquétipo menos como substantivo, mas como adjetivo – como um qualificador de experiências, não uma coisa em si, mas uma *qualidade* dos eventos – não importa mais, por exemplo, especular sobre a existência incognoscível do arquétipo, como nos modelos analíticos anteriores, pois ele, o arquétipo, já se encontra sempre na sua realização, na sua atualização, que é a *imagem arquetípica*.

O livro *Psicologia arquetípica: um breve relato*, que contém uma monografia escrita por Hillman em 1979 para inclusão no volume V da *Enciclopedia del Novecento*, do Istituto dell'Enciclopedia Italiana, publicada em 1981 (que traduzimos para o português para a Editora Cultrix em 1991), aborda essas questões da forma mais objetiva possível. O leitor interessado numa compreensão mais sistemática da psicologia arquetípica e, mais especificamente, da obra de James Hillman e seus colaboradores, encontra ali uma espécie de guia capaz de orientá-lo na leitura. Nesse trabalho, encontra-se o traçado intelectual de cada uma das ideias fundamentais que ele, em outros ensaios e livros, ocupa-se de ampliar e apreciar mais detalhadamente.

Esse pensamento pretende um aprofundamento e um avanço das ideias originadas principalmente com o trabalho de Carl Gustav Jung. A psicologia arquetípica é uma maneira de se fazer psicologia junguiana. O trabalho de James Hillman e da psicologia arquetípica, especialmente no que concerne à imagem, pode ser visto como uma elaboração detalhada da ideia junguiana de psique objetiva[50].

Hillman, seguindo uma tradição essencialmente retomada por Jung, fala de um sentido de alma (*psyché, anima*), campo intermediário entre as fenomenologias do espírito e do corpo. Acima de tudo, alma aqui é entendida como "uma perspectiva, ao contrário de uma substância, um ponto de vista sobre as coisas, mais do que uma coisa em si"[51]. Seus textos falam da alma do mundo, do amor, do *puer*, do *senex*, da guerra, da psicoterapia, da imaginação, dos deuses, do estado da cultura, dos sonhos, da masturbação, da arquitetura, da alquimia medieval, da guerra, da pa-

---

50. Cf. MOORE, T. "Prologue" a James Hillman. *A Blue Fire*: selected writings. Nova York: HarperPerennial, 1991, p. 1-11.
51. HILLMAN, J. *Psicologia arquetípica*: um breve relato. São Paulo: Cultrix, 1991, p. 40.

ranoia, dos animais, examinam os detalhes das figuras míticas em busca de uma psicopatologia descrita numa linguagem mais rica, profunda e sensual. Falam, acima de tudo, da *anima* de uma maneira libertária, que identifica *anima* imediatamente com alma, com psique. Retomam, assim, o sentido, presente em Jung, que desmonta a ilusão subjetivizante de que a *anima* está em nós em vez de nós estarmos na *anima*. Hillman diz que "porque tomamos a *anima* personalisticamente, ou porque ela engana o ego dessa forma, perdemos o significado mais amplo de *anima*"[52]. Esse significado mais amplo constela a alma como uma perspectiva genuinamente psicológica: *esse in anima*, nos apontava Jung, ser humano é ser na alma desde o começo.

Com a obra de Hillman, a *anima* pode se livrar de ser pensada sempre em termos de opostos, sempre presa nas sizígias, seja com *animus*, com sombra, com *Self*. Podemos ver que *anima*, alma, está por tudo e em tudo, não só na interioridade feminina do homem. *Anima* pertence a todas as coisas, exatamente como a possibilidade de interioridade de todas as coisas. *Anima* refere-se, numa só palavra, a interioridade – campo psicológico por excelência.

Para essa perspectiva, a área mais fundamental do trabalho de Jung é naturalmente a teoria arquetípica, onde o conceito de arquétipo ganha a profundidade e o alcance que apontava desde o início. Essa teoria está amplamente exposta na obra dita mais tardia de Jung, digamos depois do impacto do conhecimento e dos estudos de alquimia. Como comenta o próprio Hillman, há ali um aprofundamento constante: do pessoal para o coletivo, da consciência para o inconsciente, do particular para o universal, do fixo para o fluido, dos tipos para os arque-tipos.

---

52. Ibid., p. 5.

A introdução do conceito de arquétipo em psicologia é fundamental não só porque reflete a profundidade do trabalho de Jung, mas também porque leva a reflexão psicológica para além da preocupação exclusivamente clínica dos modelos científicos: "arquetípico pertence a toda a cultura, a todas as formas de atividade humana. [...] Assim, os vínculos primários da psicologia arquetípica são mais com a cultura e a imaginação do que com a psicologia médica e empírica"[53].

Hillman nos faz enxergar os arquétipos como as estruturas básicas da imaginação, e nos diz que a natureza fundamental dos arquétipos só é acessível à imaginação e apresenta-se como imagem.

Numa ênfase bastante radical com relação à imagem na vida psíquica, cabe então buscar por uma imagem que facilite penetrar mais diretamente, e dentro de sua própria retórica, na perspectiva da psicologia arquetípica. A metáfora-chave que assim nos aparece é profundidade.

A metáfora do profundo, presente de forma radical nesse pensamento, leva a psicologia arquetípica a uma direção sempre de aprofundamento vertical e ensina, nesse sentido, a concentrar-se na depressão como o paradigma da psicopatologia, tal qual a histeria para Freud, ou a esquizofrenia para Jung. A depressão leva o sujeito necessariamente para baixo, para um aprofundamento em si mesmo. Diminui o ritmo, desacelera o intelecto, aproxima o horizonte. Talvez nada hoje em dia consiga para nós o que consegue a depressão, e por isso sua presença tão marcante: esforços da farmacologia à parte, na depressão somos lançados irremediavelmente no vale da alma.

---

53. Ibid., p. 21.

A preocupação com profundidade e depressão também permite à psicologia arquetípica uma crítica à cultura, na medida em que "uma sociedade que não permite a seus indivíduos deprimir-se não pode encontrar sua profundidade e deve ficar permanentemente inflada numa perturbação maníaca disfarçada de 'crescimento'"[54].

Tudo isso afasta a psicologia arquetípica das traduções interpretativas horizontalizantes de sintomas, sonhos, fantasias, ou seja, imagens, e constela a própria análise como descida (*nekya*): um procedimento que deseja aprofundar-se, que de fato começa por baixo, pois procura os sonhos, a alma inconsciente, aquilo que está naturalmente abaixo da vida cotidiana, do mundo da luz.

Na psicologia arquetípica a direção vertical se confunde, além do mais, com a direção para o sul. Aqui, diferentemente de Jung, onde se convencionou encontrar o dilema de Leste/Oeste, Norte/Sul tornam-se geografias simbólicas, ao mesmo tempo em que culturais e étnicas[55]. Assim, a psicologia arquetípica, em suas bases, afasta-se da língua alemã e da visão de mundo judeu-protestante do "norte" europeu ariano, apolônico, positivista, racionalista, cientificista (que nos deu, diga-se de passagem, tudo aquilo que conhecemos como "psicologia"), em direção ao "sul" mediterrâneo, à Grécia da mitologia clássica, onde os padrões arquetípicos são elaborados em histórias, em mitos, em fábulas, e à Itália da Renascença com Ficino, e depois com Vico em Nápoles no século XVIII, com suas imagens e seu humanismo sensual, sua lite-

---

54. Ibid., p. 73.
55. Para uma visão dessa polaridade Norte/Sul na psicologia arquetípica, cf. HILLMAN, J. *Re-vendo a Psicologia*. Petrópolis: Vozes, 2010, p. 414-425. Também meu "O sul e a alma". *Voos e raízes* – ensaios sobre imaginação, arte e psicologia arquetípica. São Paulo: Ágora, 2006, p. 40-60.

ratura, sua arte, seu neoplatonismo. Nesses lugares, segundo Hillman, "a cultura da imaginação e a maneira de viver carregavam aquilo que seria formulado ao norte como 'psicologia'"[56]. A psicologia arquetípica começa na psicologia da Renascença.

Ao fazê-lo, esse movimento estará certamente deslocando, para a psicologia, a morada da alma do cérebro para o coração.

A direção vertical, a metáfora do profundo, acima de tudo leva a psicologia arquetípica e a contribuição essencial de Hillman a mostrar finalmente sua verdadeira marca: enxergar interioridade como uma possibilidade em todas as coisas.

> O "interior" refere-se àquela atitude dada pela *anima* que percebe a vida psíquica dentro da vida natural. A própria vida natural torna-se o vaso no momento em que reconhecemos que ela possui um significado interior, no momento em que vemos que ela também sustenta e carrega psique. A *anima* faz vasos em todos os lugares, em qualquer lugar, ao ir para dentro[57].

Alma, *anima* é a raiz metafórica dessa abordagem. O que está por baixo, na direção vertical, na profundeza, na escuridão insondável, é alma. "A alma deve ser a metáfora primária da psicologia"[58], ele nos diz; uma sugestão já etimologicamente determinada: psicologia, *logos* da *psyché* – discurso, narrativa ou fala verdadeira (*vera narratio*) da alma[59].

---

56. HILLMAN, J. *Psicologia arquetípica*. Op. cit., p. 59.
57. HILLMAN, J. *Anima* – Anatomia de uma noção personificada. São Paulo: Cultrix, 1990, p. 95.
58. HILLMAN, J. *Psicologia arquetípica*. Op. cit., p. 40.
59. *Logos*, para os poetas gregos antigos, além de "discurso" ou "narrativa", também significava "canção", o que poderia dar à psicologia a obrigação de ser "a canção da alma". Apud BOSI, A. *O ser e o tempo da poesia*. São Paulo: Companhia das Letras, 2000, p. 118.

A alma, no entanto, deve ser imaginada, não definida. É uma imagem, e ao mesmo tempo um campo de experiências. Essa imagem, além de tudo, toca a análise diretamente, que, na perspectiva dessa psicologia, não intenciona a "cura" da alma (pelo menos não no sentido médico[60]), mas, ao invés, facilitar aquilo que Hillman definirá como cultivo da alma, ou "fazer alma" (*soul-making*): de novo, o aprofundamento dos eventos em experiências. Para Hillman, isso quer dizer uma perspectiva reflexiva (no sentido do reflexo das imagens) entre nós e os eventos. A obra (*opus*) da psicologia é necessariamente a alma. Que ele o diga novamente:

> O desejo da alma, aquele que guia seu trabalho, parece ser, pois, o de conhecer-se e refletir-se nas imagens que a constituem. Ela age ao modo de metáfora: transpõe o significado e liberta o sentido interior dos eventos. Movimento envolto em uma luz escura[61].

A alma é múltipla, pessoal, feminina, metafórica. Remete-nos aos sonhos e às imagens. Na famosa metáfora de Hillman, a alma está nos vales (enquanto o espírito está nos picos[62]). Circular, a alma repete-se infinitamente, e na repetição está uma tentativa de aprofundamento. A alma volta constantemente às suas feridas para extrair delas novos significados. Volta em busca de uma experiência renovada. Ficamos familiarizados com nossos complexos e nosso sofrimento. O ego, identificado com o arquétipo do herói, chama a repetição de neurose. Mas na repetição, na circula-

---

60. Para essa discussão, cf. a seção "Resquícios do modelo médico" em HILLMAN, J. *Re-vendo a psicologia*. Op. cit., p. 164-167.

61. Apud DONFRANCESCO, F. *No espelho de Psique*. São Paulo: Paulus, 2000, p. 50.

62. Cf. HILLMAN, J. "Picos e vales: a distinção alma/espírito como base para as diferenças entre psicoterapia e disciplina espiritual". *O livro do* Puer: ensaios sobre o arquétipo do *puer eternus*. São Paulo: Paulus, 1999, p. 202-233 [Organização e tradução de Gustavo Barcellos].

ridade, o ego é forçado a conscientizar-se de que há presente uma outra força. Na repetição o ego é forçado a servir à psique. Há um aspecto ritual aqui, uma humilhação. A circularidade, por fim, nos personaliza. Do ponto de vista da alma, a repetição é uma maneira de nos tornarmos aquilo que somos[63].

II. Imagem

A abordagem da psicologia arquetípica foi também chamada de "terapia focada na imagem", pois entende a imagem como o dado psicológico primário. Em seu horizonte, "psique é imagem"[64], como afirmou Jung, que o repetiu ao longo dos anos de seu trabalho de formas diferentes[65]. Para Jung, a atividade fundamental que caracteriza a psique, ou alma, é imaginar. Jung compreende que "todo o processo psíquico é uma imagem e um imaginar"[66]. A alma é constituída de imagens, ou é, ela mesma, imagem.

---

63. Cf. a discussão de Berry sobre repetição em seu "A paixão de Eco". *Echo's Subtle Body*: contribuitions to an archetypal psychology. Dallas: Spring Publications, 1982, p. 113-126: "Repetição é também uma tentativa de tornar alguma coisa reconhecida. Se dizemos alguma coisa muito frequentemente, ela se torna mais essencial e característica; começamos a acreditar naquilo que repetimos. No mundo das trevas a repetição também expressa essência – a essência de um caráter (Tântalo, Ixião, Sísifo...). [...] o que quero dizer é que repetições são estranhamente duradouras e que, apesar de parecerem superficiais, ainda assim apontam na direção de uma necessidade mais profunda".
64. JUNG, C.G. *OC* 13, § 75.
65. Hillman também o afirma: "imagem é psique e não pode reverter-se exceto a seu próprio imaginar" (*The Dream and the Underworld*. Op. cit., p. 200).
66. JUNG, C.G. *OC* 11, § 889. A afirmação mais contundente de Jung para a compreensão da realidade como imaginação, e portanto para a instauração de um ponto de vista da alma sobre todas as coisas, está em *Tipos psicológicos*, de 1921: "A psique cria realidade todos os dias. A única expressão que posso usar para essa atividade é *fantasia* [...]. A fantasia, portanto, parece-me a expressão mais clara da atividade específica da psique" (*OC* 6, § 73). A radicalidade dessa posição talvez ainda não tenha sido completamente absorvida, mesmo entre junguianos.

Aqui, a imagem não é o subproduto da percepção ou da sensação, o reflexo psíquico de um objeto externo, nem é a construção mental que representa de forma simbólica ideias e sentimentos[67], não a imagem à qual o ego, meu "eu" consciente, tem acesso por vontade ou por estímulo. Jung refere-se à imaginação como atividade autônoma da psique, ou seja, uma espontaneidade na criação de imagens ou fantasias. A psique se caracteriza particularmente por essa capacidade, ou atividade, de criar imagens; e o *locus* em que mais podemos perceber a capacidade autônoma e espontânea da psique de criar imagens são, naturalmente, os sonhos. O fato de sonharmos todas as noites nos dá testemunho nítido de que a psique tem a capacidade de criar imagens de forma independente, ou seja, por vontade própria, e autonomamente, ou seja, sem a intervenção da subjetividade de um ego consciente. Melhor passar a palavra ao próprio Hillman, que o diz com clareza:

> [...] a imaginação não é meramente uma faculdade humana, mas uma atividade da alma à qual a imaginação humana presta testemunho. Não somos nós quem imagina, mas nós que somos imaginados[68].

O nexo entre imagem e psique insere-se numa tradição de "exploradores" e teóricos, que inclui os poetas românticos, os alquimistas, os visionários da mística islâmica, os surrealistas, Paracelso, Henri Corbin, Gaston Bachelard e, entre tantos outros, Jung, e foi sucintamente apresentado por Gilbert Durand, ele mesmo um explorador desse *mundus imaginalis*, na edição de 1971 da revista *Spring* em artigo onde afirma: "Cinquenta anos atrás,

---

67. DONFRANCESCO, F. *No espelho de Psique*. Op. cit., 2000, p. 51-52: "As imagens não são consideradas como atos da imaginação subjetiva, mas como independentes da subjetividade e da imaginação".
68. HILLMAN, J. *Psicologia arquetípica*. Op. cit., p. 29.

[William] James disse que o inconsciente era a maior descoberta do século XX. Agora podemos dizer que os conteúdos do inconsciente (imagens) serão o campo de exploração mais importante para o século XXI"[69].

Ninguém sabe definir a imagem. O debate em torno do que *é* uma imagem (ou do que *pode ser* considerado uma imagem – aparte seus correlatos de representação, quadro, ícone, visualidade) ultrapassa os limites da psicologia arquetípica e está presente hoje entre críticos culturais, *scholars* da mídia e da literatura, filósofos, antropólogos e sociólogos. Entre esses críticos, Giorgio Agambem, ainda querendo banir um certo "psicologismo" da filosofia, aproxima-se significativamente de uma compreensão "arquetípica" da imagem, quando entende as imagens como "traços daquilo que os homens que nos precederam desejaram e almejaram, temeram e reprimiram"[70]. Contudo, Agamben fala das imagens que estão em nós porque entraram em nós, vieram do mundo (história, memória); a psicologia arquetípica, ao invés, fala das imagens que estão no mundo (história, memória) porque saíram de nós (alma).

Uma imagem, ao mesmo tempo em que torna algo visível (e visível não apenas no sentido ótico), torna algo invisível. Uma con-

---

69. DURAND, G. "Exploration of the Imaginal". In: SELLS, B. (org.). *Working with Images*: the theoretical base of archetypal psychology. Woodstock, CT: Spring Publications, 2000, p. 54. Cf. tb. o mesmo debate no campo da "filosofia da imagem", inclusive com reflexões nas últimas décadas em torno da imagem digital, em KHALIP, J. & MITCHELL, R. (orgs.). *Releasing the image*: from literature to new media. Stanford: Stanford University Press, 2011: "[...] tornou-se um lugar-comum insistir que 'imagens' tiveram um papel central na cultura do século XX e prometem ter um papel ainda mais poderoso na vida e no pensamento do século XXI" ("Introduction", p. 2).

70. AGAMBEN, G. "Nymphs". In: KHALIP, J. & MITCHELL, R. (orgs.). *Releasing the Image*: from literature to new media. Stanford: Stanford University Press, 2011, p. 79-80.

cepção de imagem baseada apenas na ideia de ótica não pode compreender a complexidade da imagem psíquica, que está baseada na simultaneidade, ou na abolição de sua própria inscrição no tempo. Patricia Berry talvez tenha chegado bem perto de uma compreensão da imagem liberta da lógica da representação, da cópia, do símile e da visualidade apenas em "Virgindades da imagem", capítulo de seu *Echo's Subtle Body*, de 1982:

> A imagem é uma complexidade de relações, uma inerência de tensões, justaposições e interconexões. Uma imagem não é apenas significado, nem apenas relações, nem apenas percepção. Ela não é nem mesmo apenas reflexão, porque nunca se pode dizer com certeza que isto é "a coisa" e aquilo é uma reflexão da coisa. Nem podemos dizer que a imagem é *isto* literalmente e *aquilo* metaforicamente. Essas dualidades – coisa *versus* reflexão, literal *versus* metafórico – não são imagens, mas, antes, maneiras de estruturar imagens[71].

* * *

Se o conceito básico da psicologia arquetípica, aquele de onde emanam suas observações e que permite sua penetração teórica mais profunda, é, naturalmente, o arquétipo – e portanto ela é forçada a oferecer uma descrição essencialmente múltipla, plural ou policêntrica da psique – sua área de atuação focaliza-se na imagem. Ela se volta para o trabalho da imaginação (na clínica, na arte, na tradição cultural, na psicopatologia), e o trabalho com a imaginação; está voltada para ressuscitar nosso interesse pela capacidade espontânea da psique de criar imagens. "A imagem tem

---

71. BERRY, P. *Echo's Subtle Body*: contribuitions to an archetypal psychology. Dallas: Spring Publications, 1982, p. 97.

sido meu ponto de partida para a re-visão arquetípica da psicologia", disse Hillman em 1979[72].

Dessa forma, "ficar com a imagem"[73] transformou-se na "única e rigorosa indicação técnica"[74] ou regra básica no método da psicologia arquetípica. "Ficar com a imagem" irá influenciar todo o procedimento terapêutico, especialmente, como se poderá perceber, no que toca a questão da interpretação. As imagens psíquicas são encaradas como fenômenos naturais, são espontâneas, quer seja no indivíduo, quer seja na cultura, e necessitam, na verdade, ser experimentadas, cuidadas, consideradas, entretidas, respondidas. As imagens necessitam de respostas imaginativas, não de explicação. No momento em que interpretamos, transformamos o que era essencialmente natural em conceito, em linguagem conceitual, afastando-nos do fenômeno. Uma imagem é sempre mais abrangente, mais complexa, que um conceito[75].

Nessa perspectiva, a imagem – em sonhos, nas fantasias, na arte, nos mitos e na sua maneira de revelar os padrões arquetípicos coletivos – é sempre o primeiro dado psicológico: as imagens são o meio pelo qual toda a experiência se torna possível. A imagem é o único dado ao qual há acesso direto, imediato. Indica complexidade: em toda imagem há uma múltipla relação de significados, de disposições, de proposições presentes simultaneamen-

---

72. HILLMAN, J. *The Dream and the Underworld*. Op. cit., p. 5.

73. Cf. JUNG, C.G. *OC* 16, § 320: "Para compreender o significado de um sonho, devo ficar o mais próximo possível das imagens do sonho".

74. DONFRANCESCO, F. *No espelho de Psique*. Op. cit., 2000, p. 45.

75. A discussão e ampliação completa do trabalho com imagem na psicoterapia analítica estão nos ensaios de James Hillman, "An Inquiry into Image", "Further Notes on Images" e "Image-Sense" publicados na Revista *Spring* 1977, 1978 e 1979 respectivamente; e no de BERRY, P. "Uma abordagem ao sonho", publicado na Revista da Associação Junguiana do Brasil: *Cadernos Junguianos*, 3, 2007, São Paulo [originalmente publicado em seu *Echo's Subtle Body*].

te. Nossa dificuldade em compreendê-las, por exemplo nos sonhos, vem em grande parte de nosso vício de linearidade. Nossa incapacidade de experimentar e vivenciar simultaneidade de significados – a polissemia irredutível de cada imagem – vem da necessidade de transformar imagens em história, inseri-las na temporalidade: uma coisa por vez, uma coisa depois da outra. Aqui, como sempre, nossa abordagem fortemente evolutiva dos eventos nos faz ver primeiro o desenvolvimento, o processo. Mas no reino do imaginal, todos os processos que pertencem a uma imagem são inerentes a ela e estão presentes ao mesmo tempo, todo o tempo.

Isso naturalmente determina uma compreensão particular da psique e do trabalho psicoterapêutico. Se o trabalho da terapia for entendido como um atendimento, como um serviço prestado – o sentido original da palavra terapia, *therapeia*, em grego: serviço, atendimento – então, terapia da psique, psicoterapia, será atendimento da alma. Nessa perspectiva, o paciente é a alma. Assim, se o trabalho psicoterapêutico é como um cuidar, como um serviço prestado à alma, entende-se que esse serviço será prestado de fato quanto mais próximo estivermos de suas imagens – estejam elas nos sonhos, nas fantasias, nos sintomas, no corpo ou na história de caso (que conto como um "mito").

A primeira questão metodológica importante, do ponto de vista da psicoterapia que é levada a cabo ao permanecermos fiéis à imagem, refere-se a um movimento anti-interpretativo. Qualquer procedimento hermenêutico, qualquer intervenção do analista que possa ser caracterizado como interpretação conceitual necessariamente perderá a imagem. E, ao perder a imagem, perde-se a alma, deixa-se de atender ou de servir a psique. A interpretação é um procedimento quase sempre alegórico, ou seja, troca uma coisa por outra. Se alguém sonha, digamos, com um *trem*, numa perspectiva analítica interpretativa quase que "não interessa" ter sonhado com *trem*, porque o sonho, de fato, não é com trem, mas com uma outra coisa que está representada por *trem* – por exemplo, meu complexo paterno, minha agressividade, minha inveja, meu impulso à locomoção, minha mobilidade, o que quer que seja. Podemos colocar qualquer coisa no lugar do *trem*. Mas o trem partiu, e com ele a alma. Deixamos o trem para trás, com seu entusiasmo, seu peso, seu impulso, sua forma penetrante, sua beleza ou feiura metálica ou fosca; ou, mais precisamente, foi ele quem nos deixou na "estação analítica", desistindo de nós.

A psicologia analítica tem várias e bastante sofisticadas formas de fazer uso de um enorme corpo de conhecimento simbólico. Quase toda imagem que participa de nossos sonhos tem uma simbologia pesquisada, ampliada e de alguma maneira estabelecida, à qual podemos nos referir. É o procedimento clássico junguiano da amplificação como a conhecemos, o método junguiano por excelência. Esse volume de conhecimento psicológico com relação aos símbolos tomou proporções que muitas vezes afastam-nos da compreensão original que Jung dava ao que é simbólico. Com esses procedimentos de amplificação da pesquisa simbólica, Jung estava realmente se dedicando ao desconhecido, ao misterioso, sem querer torná-lo conhecido, sem querer transformar o desconhecido em conhecido.

A segunda implicação metodológica importante pode ser descrita pelas seguintes observações: num procedimento interpretativo, entende-se que o que aparece na psique é fundamentalmente uma *representação* de outra coisa. Há aqui uma ideia de psique, a de que ela se esconde, se vela, de que não é um acontecimento direto, mas, em vez, indireto. Ela se faz *representar*, expressa-se, diríamos, alegoricamente. Atrás do trem ou da menina do sonho, ou do cachorro ou da cobra, ou do sintoma e da fantasia – por trás das imagens diretas – existem outros sentidos que precisam ser descobertos, revelados. Trabalha-se então com uma perspectiva que pretende, em última instância, descobrir ou revelar a psique em seu nexo secreto. Quando um procedimento interpretativo ou simbólico direto é abandonado – ainda que haja amplificação, ainda que se busque um entendimento – procura-se olhar para as imagens como imagens, *apresentações*, sem precisar interpretar, procurando, através de procedimentos que podem "abrir" a imagem, *ouvir* o que a imagem está querendo dizer. A ideia é de que aquele trem do sonho, ou aquela cobra, ou aquele amigo, não estão representando nada; eles estão se apresentando. A psique, nessa perspectiva, está se apresentando o tempo todo, de diversas formas. A psique não se esconde, mas está exposta, à mostra sempre, no sonho, no sintoma, no discurso, na escolha de palavras, de frases, nas repetições, na vestimenta, nas casas, nos hábitos, na decoração, no modo como me exprimo, no modo como caminho, como adoeço, como me relaciono, amo, odeio, como construo minha história. Psique é *display* – a superfície da alma. A profundidade está nas aparências, *dentro* das aparências, não *por trás* das aparências. A lógica da revelação, de qualquer forma, são aquelas em geral do pensamento da religião, pertencem à retórica do espírito. As metáforas podem ser mais óticas, ainda que não *literalmente* óticas, pois há imagens que não se dão apenas visualmente, como já se sugeriu.

Se a psique está à mostra, uma constante e generosa apresentação de si mesma, não precisa de um *tradutor*. Precisa, ao invés, de um *leitor*. O intérprete é essencialmente um tradutor – e sabe-se, *traduttore traditore*. Este tem um corpo de conhecimento que lhe permite traduzir a invisibilidade em visibilidade, aquilo que é obscuro em clareza, o mundo noturno no mundo diurno.

O que é difícil de vislumbrar, dentro de um paradigma fortemente conceitual como o da psicologia, é poder responder às imagens em seus próprios termos, ou seja, imaginando. Pois, da perspectiva do trabalho psicoterapêutico, a questão em torno da imagem tem um caráter essencialmente operacional: o que fazer com a "coisa" da psique? Como trabalhar com ela, fazendo com que permaneça misteriosa e significativa? Desliteralizar a própria ideia de imagem é compreendê-la não somente como um elemento audiovisual, alguma coisa vista. Uma imagem psíquica não é algo que vejo, é antes um modo de ver, uma *perspectiva* sobre as coisas. Pode ser sonora, tátil, pode ser uma emoção, pode estar no corpo.

Também em jogo no trabalho com as imagens está a particularização, a particularização daquilo que se apresenta no nível psíquico. Num procedimento simbólico, o risco é nos encaminharmos muito facilmente para as generalizações. A sensibilidade para o particular diz: é *aquela* cobra, *naquele* sonho, que tem *aquela* cor, que disse *isso* e não aquilo, naquele momento.

* * *

O trabalho junguiano orientado pelas imagens procura despertar no outro um *sentido de alma*: "A terapia terá [...] como escopo o desenvolvimento de um sentido de alma através da procura dos nexos entre vida e psique, e a restituição do paciente à realidade imaginal policêntrica mediante o cultivo de sua imaginação"[76]. Ao despertar esse sentido de alma, a cura só acontece como um ganho secundário. Ela não é o foco, não no sentido de correção, educação, melhoria, adaptação, eficiência – todos objetivos heroicos que, na verdade, nos devolvem ao ego, nos apartam da alma e seu "navio imaginal"[77], ou nos mantêm na perspectiva

---

76. DONFRANCESCO, F. *No espelho de Psique*. Op. cit., p. 46.
77. Ibid., p. 50.

do espírito. Inconscientemente, esses objetivos visam um fortalecimento do ego, uma ênfase na vida. A alma, ao contrário, parece obscura e permanece num envolvimento primordial com a morte, com o invisível (Heráclito disse que a conexão invisível é a mais forte)[78]. A meta, no sentido alquímico da quimera, da potência imaginativa, seria mais um "enfraquecimento do Eu", pois só através do enfraquecimento dessa estrutura, que a psicologia arquetípica mais tarde identificará como sanguinolenta e cruel, conquistadora e destruidora – de uma verdadeira "crise no sujeito" (como se expressou Francesco Donfrancesco) – que a alma pode emergir.

Não posso ter a pretensão de querer explicar de nenhuma forma o que seria despertar a alma, mas entendo que Hillman nos ensina, fundamentalmente, que esse despertar, ou essa recuperação de um sentido de alma nas nossas vidas, tem primeiro a ver com o movimento de *desliteralização* das experiências, ou o que ele mesmo chamou de "transposição metafórica" numa passagem famosa:

> A transposição metafórica – esse movimento de lidar com a morte que ao mesmo tempo re-desperta a consciência para um sentido de alma – é o ponto central da tarefa da psicologia arquetípica, sua intenção maior"[79].

Ou, como também menciona Berry: "Na psicologia arquetípica [...] insistimos sobre a reflexão. É crucial, dizemos, não considerar as coisas – eventos, sonhos, emoções, impulsos – literalmente, mas refletir sobre elas como imagens"[80].

---

78. HERÁCLITO. Fragmento 54: "Harmonia inaparente mais forte que a do aparente". • COSTA, A. (org.). *Heráclito*: fragmentos contextualizados. São Paulo: Difel, 2002, p. 113.
79. HILLMAN, J. *Psicologia arquetípica...* Op. cit.
80. BERRY, P. *Echo's Subtle Body...* Op. cit., p. 157.

Há uma compreensão da psique como essencialmente *analógica*, ou metafórica. Ela opera com analogias o tempo todo. A metáfora é a intuição de uma analogia entre coisas de natureza diferente. É uma comparação em nível de essência. Ela transporta o significado de uma imagem à outra, fazendo com que possamos compreender uma pela outra, simultaneamente, em comunicação, em *trânsito*. Assim, despertar um sentido de alma em nossas vidas tem a ver essencialmente com uma consciência que não se esgota no plano literal das coisas que nos acontecem. Alma é aquilo que transforma os eventos em experiências, ou que os devolve para suas imagens.

Parece difícil, no entanto, compreender que esse "tratamento" da imagem se dê pela fala, a terapia como uma oficina da palavra (ou oficina "pela" palavra), fazer imagem em palavras. Ele requer do terapeuta uma palavra imaginativa, que desperte a imaginação. Se pretendemos "curar pela fala", temos primeiro que curar a própria fala, pois, nessa tradição, essa oficina é principalmente uma oficina da palavra.

Chegamos assim na "base poética da mente", uma ideia fundamental que Hillman também formula em *Re-vendo a psicologia*, de 1975[81]. A ideia revela que psique, em seus níveis mais profundos, inconscientes e primários, comporta-se e se expressa de modo poético, isto é, precisamente com procedimentos, lógica e raciocínios *semelhantes* aos que encontramos na arte poética: analogia, metaforização, síntese, condensação, emoção.

O que pode nos levar mais diretamente à ideia da oficina. A oficina, nesse sentido, pode ser da palavra, da pintura, da escultura: um modelo de psicoterapia que certamente se nutre muito

---

81. Cf. *Re-vendo a psicologia*. Op. cit., p. 25-38.

mais da absorção das metáforas dos processos da arte do que dos processos da ciência. Bem observados os artistas trabalhando – de que maneira o escultor esculpe e entende as formas e as trans-formações, como o pianista toca e ensaia melodias e ritmos vitais, como o pintor pinta e entende as cores e as combinações de humores, como a bailarina dança e entende o corpo no espaço e no tempo, o músico compõe e constrói harmonias e desarmonias – suas analogias inspiram de modo radical o trabalho com a psique. As fantasias e os procedimentos básicos que estão nos processos criativos da arte informam o trabalho do psicoterapeuta mais do que os processos e as metáforas da ciência. Assim é que de fato não importa se é a oficina da escultura ou da palavra. O importante é que seja *oficina*, um termo que em si já traz imagens para o consultório do analista. São imagens que nos levam de volta ao laboratório alquímico e a uma noção de *trabalho* com a alma, à ideia de obra e labor, algo que tem a ver com algo que se *faz*. A alma precisa de trabalho, é preciso trabalhar a psique. Ela nos convida e já nos encontra com um "trabalho feito", sempre um detalhado, preciso e complexo trabalho – pense na originalidade e na sofisticação de invenção das patologias, dos sonhos. Devemos ir ao encontro desse trabalho com outro trabalho, com mais trabalho.

III. Mitos da análise

A questão do Mito da Análise – qual o suporte arquetípico que ajudou a formar e continua a manter coesa, estabelecida e atraente (ou, ainda, necessária), para analistas e pacientes, a atividade analítica da psicoterapia profunda como nós a conhecemos e aprendemos a praticar profissionalmente desde o século passado – tem sido colocada pela psicologia arquetípica, dando lugar, como veremos, a tantas respostas, em conjunto com diversas outras reflexões, acabou por contribuir para a formação da imagem de James Hillman, seu iniciador, como um *terapeuta das ideias psicológicas* (e da psicologia arquetípica como uma terapia das ideias[82]), especialmente as ideias que estão em nossas práticas terapêuticas – algo como um psicólogo da psicologia (assim como Eliot, por exemplo, é um poeta de poetas).

Em *O Mito da Análise* – o livro – James Hillman responde que o Mito da Análise – a pergunta – é (nitidamente para ele naquele momento) o Mito de Eros e Psiquê, assim como está contado na clássica versão de Apuleio, que mereceu a clássica interpretação de Erich Neumann. Nos anos de 1960, exatamente de quando data essa reflexão, ele sugeriu que o trabalho da psicologia e da psicoterapia deveria refletir um movimento básico, já dado pela própria psique – seu eterno anseio por eros. Essa reflexão está, em alguma medida, influenciada pelo espírito daqueles anos. Num plano mais essencial e profundo a alma busca, não conhecer-se, não ampliar-se, não desenvolver-se, mas, ao invés, o amor busca encontrar o amor. E esse seria um movimento tão poderoso, tão arquetípico, aparecendo na tradição simbólica de diversos povos em contos, fábulas e mitos ao longo da história, que teríamos condições de afirmar que todas as ações e re-ações da alma estariam, em sua última instância, num plano mais profundo, de uma forma ou de outra, assim direcionadas. O trabalho da análise deveria propiciar a conscientização dessa verdade profundamente mítica, e de seu poder, e daí buscar, analogamente, refletir tal cenário e abrir os caminhos do conhecimento para esse "despertar da alma

---

82. Ibid., p. 238, 243: "Uma psique com poucas ideias psicológicas é facilmente uma vítima. Ela tem insuficientes recursos para orientar-se a si mesma num campo psicológico. [...] Para nós, ideias são meios de considerar as coisas, perspectivas. Ideias nos dão olhos, deixam-nos ver".

através do amor"[83] em cada um de nós. A transformação da personalidade está retratada nessa história, no *mistério* dessa história. Com isso terminava aquilo que Hillman chamou de a era heroica em nosso campo. Mitos anteriores, que vieram sustentando a compreensão do trabalho psicológico desde o seu início, como Édipo em Freud, e mais tarde a aventura do herói no enfrentamento da mãe e do dragão em Jung, não mais serviam, pois o momento era outro e o inconsciente estava em outro lugar. Com eles, continuaríamos presos na luta com o sempre incestuoso "problema" da família e suas relações hierárquicas. O conto de Eros e Psiquê, ao contrário, parecia interessante como base mítica na medida em que refletia de forma mais fundamental, imagética e emocionalmente, um ritual acontecendo sempre entre as pessoas e *dentro* de cada pessoa. Segundo Hillman, "hoje sofremos e ficamos doentes por causa de sua separação"[84]. Na análise, esse ritual está mitificado especificamente naquilo que denominamos de "transferência", curioso fenômeno que, num só lance, busca constelar alma e eros, como nos mostrou Jung em suas reflexões alquímicas sobre o tema[85].

Disso decorre que, se imaginarmos a psicoterapia diferentemente dos modelos originais heroicos, encarando-a como o trabalho do engendramento da alma através do amor, então a análise traria a conscientização para cada indivíduo do entrelaçamento vital, e também tantas vezes obscuro, tortuoso ou fatal, do amor com alma.

Depois, Dioniso foi examinado como uma alternativa para dissolver a definição apolínea do "tornar-se consciente" como a base para a análise. Aqui, a crítica apontava a ênfase que ao mes-

---

83. HILLMAN, J. *O Mito da Análise*. Rio de Janeiro: Paz e Terra, 1984, p. 58.
84. Ibid., p. 61.
85. JUNG, C.G. "A Psicologia da transferência", de 1946. In: *OC* 16.

mo tempo enobrece e busca os princípios masculinos da ordem, da clareza e da saúde, ou seja, de uma consciência analítica dita "apolínea", com sua retórica de distanciamento e superioridade, em detrimento de uma apreciação mais profunda e aberta dos fenômenos ditos "femininos", que dessa perspectiva passam a ser encarados como inferiores, efeminados, grosseiros, perigosos, ambíguos e inconsistentes. Exatamente nesse polo chamado de "dionisíaco" está alojada, ou escondida, ou reprimida grande parte da alma que chega aos consultórios – alma que só será melhor acolhida a partir de uma transformação do viés apolíneo em nossas compreensões que possa, de fato, resolver, em nós e em nossos modelos, o medo e o desconforto frente ao desconhecido, ao obscuro, ao confuso, ao delirante como seus sintomas habituais[86].

Hades, e sua mitologia da morte e da noite – por exemplo, no ensaio de Hillman sobre o trabalho com os sonhos em *Os sonhos e o mundo das trevas*, de 1979[87] – avança ainda mais essa reflexão como base para que a análise possa mais confortavelmente caminhar no escuro, enfrentando o medo de não saber.

Saturno e a figura do *senex*, e o quanto eles estão nas bases da formulação junguiana do *Self*; Atená como um mito por trás da definição de normalidade; análise como a realização, em muitos casos, do Mito de Perséfone e o rapto da ingenuidade; Hermes-Mercúrio como o espírito do trabalho analítico interpretativo[88]; Hércules como o herói específico, entre tantos, na base daquilo que chamamos de "ego ocidental;" e, naturalmente, Édipo (revisto e em conexão com *anima*): todos mitos da análise.

---

[86]. Cf. principalmente HILLMAN, J. "Sobre a feminilidade psicológica", cap. 3 de *O Mito da Análise*. Op. cit.
[87]. HILLMAN, J. *The Dream and the Underworld*. Op. cit.
[88]. Cf. LÓPEZ-PEDRAZA, R. *Hermes e seus filhos*. São Paulo: Paulus, 1999.

No exame que Hillman faz do Mito de Édipo podemos enxergar que o método da análise, desde sua origem com Freud e Jung, foi sempre "edipiano". A valorização dos procedimentos da "busca como interrogação, consciência como enxergar, diálogo para descobrir as coisas, autodescobrimento através da lembrança da vida pregressa, leitura oracular dos sonhos"[89], colocam invariavelmente todo o empreendimento nas mãos e no estilo desse herói apolíneo. Enquanto descobrir, achar e decifrar for o método, enquanto a busca do autoconhecimento se der através da valorização exclusiva do *insight* exatamente como uma *intravisão* (visão "para" dentro), na prática permanecemos, sem saber, edipianos: tentando sempre "enxergar" (numa dinâmica de opostos entre cegueira e iluminação), e imaginando a melhor avaliação da alma e seu sofrimento apenas na razão direta da descoberta de suas origens – onde origem quer dizer pais e infância, o passado literal. Permanecemos cegamente (mancamente) freudianos. Em outras palavras: enquanto autoconhecimento for o foco, estamos imaginando a análise em termos edipianos. Para que "cultivo da alma" (*soul making*) possa ser o foco, precisamos antes de tudo não estarmos cegos para o Édipo no método, de forma a podermos imaginar método e trabalho *também* através de outras perspectivas míticas, que liberem a vivência e a relevância de outros anseios da alma no altar da terapia.

* * *

Os mitos, e sua imensa carga imagética, são necessários para incorporar também a dimensão da alma do mundo (*anima mun-*

---

89. HILLMAN, J. "Édipo revisitado". In: HILLMAN, J. & KERÉNYI, K. *Édipo e variações*. Petrópolis: Vozes, 1995, p. 101.

di) nos extremos patologizados que são levados ao consultório de psicoterapia. Do contrário, o que continuará a se perpetuar, desse ponto de vista, é, antes de mais nada, o nivelamento desses extremos na mediocridade da adaptação – a fantasia da terapia como a construção de indivíduos que "funcionam melhor" ideacional, emocional e socialmente – fundamentalmente por causa de suas noções inchadas de subjetividade, sua ênfase no "eu" como *locus* exclusivo da interioridade: trabalhe em você mesmo e o mundo ficará melhor. A alma reprimida do mundo continuará a bater em nossas casas pela porta dos fundos, engrossando e acrescentando às patologias que lá dentro já foram geradas ainda mais sofrimento, pois "continuamos a localizar todos os sintomas universalmente dentro do paciente, ao invés de também na alma do mundo"[90]. Aquilo de que precisamos está exatamente nesses extremos, nesses sintomas; são eles nossa individuação. Dessa perspectiva, normalizar, através da terapia, as estranhezas que a alma continuamente constrói, propõe e exibe só nos levará a indivíduos anestesiados, incubados em consultórios confortavelmente apartados, mestres da repressão, reprimindo novamente aquilo que, em grande escala hoje em dia, não é só seu, mas um sintoma da alma do mundo – a volta do reprimido, num círculo vicioso infindável, irredimido. As estranhezas estão lá exatamente para nos salvar da adaptação forçada a um estilo normativo e alinhado de caminhar pelo mundo e participar dele. Estão lá "forçando a alma a se rebelar a fim de ser notada"[91] em cada indivíduo em análise. Estão lá, e isso hoje parece mais importante, não só para recuperar o indivíduo, mas também para recuperar o mundo. Nesse ponto voltamos à al-

---

90. HILLMAN, J. & VENTURA, M. *We've Had a Hundred Years of Psychotherapy* – And the World's Getting Worse. São Francisco: Harper, 1992, p. 154.
91. Ibid., p. 151.

quimia como modelo para a psicologia, que Jung definia como uma atividade que visava "o resgate da alma humana e a salvação do cosmo"[92].

É nesse sentido que penso ser sempre necessário conhecermos os mitos que informam a base da análise para que se sinta a necessidade da ampliação de sua noção de cultivo da alma, ou individuação. Essa é a razão que vejo para que, na edição da revista *Spring* de número 63, de 1998, Hillman volte a se perguntar, ainda mais uma vez, qual o Mito da Análise? – agora num artigo simplesmente intitulado "In", no qual ele discute as implicações desta preposição para o trabalho da psicoterapia, chegando à descoberta, caracterizada por ele de "revelação imensamente útil"[93], de que também outro mito, outra deusa está primariamente alojada em nossa atividade: Héstia. O apelo ao interior, à interioridade, à interiorização, à introversão, ainda que inclua essa dimensão exatamente como a possibilidade da entrada da alma do mundo na terapia, exerce um tal contínuo poder, um tal fascínio para a psicologia que só pode ter um suporte divino, mais que humano. Esse suporte revela-se precisamente no culto a Héstia. A análise é também um ritual de Héstia por ser ela exatamente o poder arquetípico que suporta a direção rumo à interioridade – movimento sombreado que se confunde com a própria definição de alma. É em função de Héstia que há um fogo sagrado na terapia, e por ela ele é mantido e cultivado.

Apesar das críticas severas de Hillman à psicoterapia – que passam por apontar uma prática cuja linguagem perdeu a beleza e

---

92. C.G. Jung, entrevista com Mircea Eliade. In: McGUIRE, W. & HULL, R.F.C. (orgs.). *C.G. Jung Speaking*. Princeton: Princeton University Press, 1977, p. 228 [Bollingen Series, XCVII].
93. HILLMAN, J. "In". *Spring* 63. Op. cit., p. 21.

também a abrangência, cuja conceitualização racionalista substituiu gradativamente a apreciação profunda e terapêutica dos fenômenos imaginativos da alma, cujo exagero da noção de subjetividade anulou o sofrimento do mundo em nós, enfraquecendo os esforços redentores da própria alma – a análise continuou a fasciná-lo e a preocupá-lo como o lugar privilegiado da interioridade. Suas clássicas características – "a sala fechada, a calma distância e a tépida empatia, a hora marcada, o tempo limitado, os códigos éticos, o questionamento da família, o foco concentrado, o sigilo e o anonimato"[94] – continuaram a inspirar-lhe a pergunta: quais são seus mitos?

Fundamentalmente, penso que a psicologia arquetípica tentou imaginar a análise sem que ela resvalasse na fantasia de oposição aos estranhamentos, como um trabalho que não se entregasse inconscientemente a um jogo de luz e sombra, onde integração poderá compensar desintegração. O que ela pretende é "reimaginar o trabalho terapêutico como um desanestesiar, um despertar"[95], como já comentamos, no sentido, inclusive, mais amplamente político da ideia. Um mundo levado aos seus extremos críticos, como o nosso (quem duvida?), requer sintomas extremados e compreensão extremada – não a compreensão empaticamente tolerante da terapia. E isso já estava em suas reflexões, note-se, desde 1971, em sua contribuição para o 5º Congresso da Associação Internacional de Psicologia Analítica, "Três Tipos de Fracasso e Análise". Lá, já dizia (sem recusar uma certa ironia):

> Quando estou desesperado não quero ouvir falar em renascimento; quando sinto que estou envelhecendo e

---

94. Ibid., p. 14-15.
95. HILLMAN, J. & VENTURA, M. *We've Had a Hundred Years of Psychotherapy* – And the World's Getting Worse. Op. cit., p. 128.

ficando decrépito, quando a civilização à minha volta entra em colapso devido a seu supercrescimento, esta palavra "crescimento" não é sequer suportável; quando me sinto desintegrar em minha complexidade não posso tolerar o simplismo defensivo das mandalas, nem o sentimentalismo de individuação como unidade e totalidade[96].

Os deuses e os mitos da análise, as imagens que a compõem, seriam menos aqueles superiores, visíveis à luz apolínea, que a colocam a serviço da vida e do crescimento, claramente fazendo-nos prosseguir com o pensamento médico do século XIX imaginando a análise, portanto, como um trabalho de oposição à morte. E nos voltaríamos mais para aqueles que são a representação do lado obscuro e ctônico da existência, que expressam o mundo invisível da noite, dos sonhos, da tragédia, do sofrimento, da morte: Hades, Saturno, Perséfone, Dioniso e os Filhos da Noite. Afinal, foi atingida pela epifania desses deuses que historicamente a prática da análise teve origem, com a histeria, a interpretação dos sonhos, a esquizofrenia, a descoberta do inconsciente, com Freud e Jung: é preciso estarmos sintonizados com essa sua base arquetípica.

---

96. HILLMAN, J. "Três Tipos de fracasso e análise". *Estudos de psicologia arquetípica*. Rio de Janeiro: Achiamé, 1981, p. 121.

Referências

AGAMBEN, G. *Nudez*. Lisboa: Relógio D'Água, 2010.

BACHELARD, G. *A psicanálise do fogo*. São Paulo: Martins Fontes, 1994.

BARCELLOS, G. *O irmão* – Psicologia do arquétipo fraterno. Petrópolis: Vozes, 2009.

_____. *Voos e raízes* – Ensaios sobre imaginação, arte e psicologia arquetípica. São Paulo: Ágora, 2006.

BARNABY, K. & D'ACIERNO, P. (orgs.). *C.G. Jung and the Humanities*: toward a hermeneutics of culture. Princeton: Princeton University Press, 1990.

BERRY, P. *Echo's Subtle Body*: contribuitions to an archetypal psychology. Dallas: Spring Publications, 1982.

BORGES, J.L. *História da eternidade*. Porto Alegre: Globo, 1982 [Tradução de Carmen Cirne Lima].

_____. "El Tiempo". *Borges Oral-Conferencias*. Buenos Aires: Emecé, 1979.

BOSI, A. *O ser e o tempo da poesia*. São Paulo: Companhia das Letras, 2000.

BRANDÃO, J.S. *Mitologia grega*. Vols. I e II. Petrópolis: Vozes, 1998.

COSTA, A. *Heráclito*: fragmentos contextualizados. Rio de Janeiro: Difel, 2002 [Tradução, apresentação e comentários de A. Costa].

DARWIN, C. *A expressão das emoções no homem e nos animais*. São Paulo: Companhia das Letras, 2009.

DODDS, E.R. *Os gregos e o irracional*. São Paulo: Escuta, 2002 [Tradução de Paulo D. Oneto].

DONFRANCESCO, F. *No espelho de Psique*. São Paulo: Paulus, 2000 [Tradução de Benôni Lemos].

DREW, E. *T.S. Eliot*: the design of his poetry. Nova York: Charles Scribner's Sons, 1949.

DURAND, G. *As estruturas antropológicas do imaginário*. São Paulo: Martins Fontes, 2002.

ELIOT, T.S. "Poesia". *Obra Completa*. Vol 1. São Paulo: Arx, 2004 [Tradução, introdução e notas de Ivan Junqueira].

_____. *The Complete Poems and Plays of T.S. Eliot*. Londres: Faber & Faber, 1969.

HESÍODO. *Os trabalhos e os dias*. São Paulo: Iluminuras, 2006 [Introdução, tradução e comentários de Mary de C.N. Lafer].

FEDER, L.F. *Ancient myth in modern poetry*. Princeton: Princeton University Press, 1977.

FOSTER, G. "The Archetypal Imagery of T.S. Eliot". *Publications of The Modern Languages Association of America*, vol. LX, n. 2, junho/1945.

FRANZ, M.-L. "Time: Rhythm and Repose". *Psyche and Matter*. Boston: Shambala Publications, 1992.

_____. "The Psychological Experience of Time". *Psyche and Matter*. Boston: Shambala Publications, 1992.

GARDNER, H. *The Art of T.S. Eliot*. Londres: Faber and Faber, 1949.

HARGROVE, N.D. *Landscape as Symbol in the Poetry of T.S. Eliot*. Jackson: University Press of Mississippi, 1978.

HENDERSON, J.H. "Stages of Psychological Development Exemplified in the Poetical Works of T.S. Eliot". *The Journal of Analytical Psychology*, vol. 1, n. 2, mai./1956. Londres: Tavistok Publications.

HILLMAN, J. *Re-vendo a Psicologia*. Petrópolis: Vozes, 2010.

_____. *Spring* 63 – A Journal of Archetype and Culture, 1998.

_____. "Édipo revisitado". In: HILLMAN, J. & KERÉNYI, K. *Édipo e variações*. Petrópolis: Vozes, 1995 [Tradução de Gustavo Barcellos].

_____. *A Blue Fire*: selected writings. Nova York: HarperPerennial, 1991 [Introdução e organização de Thomas Moore]. Nova York: HarperPerennial, 1991.

_____. *Psicologia arquetípica*: um breve relato. São Paulo: Cultrix, 1991 [Tradução de Lucia Rosenberg e Gustavo Barcellos].

_____. *Anima*: anatomia de uma noção personificada. São Paulo: Cultrix, 1990 [Tradução de Lucia Rosenberg e Gustavo Barcellos].

_____. *Entre Vistas* – Conversas com Laura Pozzo sobre psicoterapia, biografia, amor, alma, sonhos, trabalho, imaginação e o estado da cultura. São Paulo: Summus, 1989 [Tradução de Lucia Rosenberg e Gustavo Barcellos].

_____. *O Mito da Análise*. Rio de Janeiro: Paz e Terra, 1984 [Tradução de Norma Telles].

_____. *Estudos de psicologia arquetípica*. Rio de Janeiro: Achiamé, 1981.

_____. *Emotion*: a comprehensive phenomenology of theories and their meaning for therapy. Evanston, Ill.: Northwestern University Press, 1960/1997.

HILLMAN, J. & VENTURA, M. *We've Had a Hundred Years of Psychotherapy* – And the World's Getting Worse. São Francisco: Harper, 1992.

JUNG, C.G. *Obra Completa*. 18 vols. Petrópolis: Vozes, 2011 [Referidos pela abreviatura *OC*].

_____. *The Collected Works of C.G. Jung*. Princeton: Princeton University Press, [s.d.] [Bollingen Series, XX – Traduzidos para o inglês por R.F.C. Hull; organizados por H. Read, M. Fordham, G. Adler e Wm. McGuire].

KERÉNYI, C. *The Gods of the Greeks* (1951). Nova York: Thames and Hudson, 1985.

KHALIP, J. & MITCHELL, R. (orgs.). *Releasing the Image*: from literature to new media. Stanford: Stanford University Press, 2011.

LAPLANCHE, J. & PONTALIS, J.-B. *Vocabulário da Psicanálise*. São Paulo: Martins Fontes, 1982.

LIPOVETSKY, G. *A felicidade paradoxal* – Ensaio sobre a sociedade de hiperconsumo. São Paulo: Companhia das Letras, 2007.

_____. *Os tempos hipermodernos*. São Paulo: Barcarolla, 2004.

LÓPEZ-PEDRAZA, R. *As emoções no processo psicoterapêutico*. Petrópolis: Vozes, 2010.

MOYNIHAN, W.T. "Character and Action in *Four Quartets*". In: WAGNER, L. (org.). *T.S. Eliot*: A Collection of Criticism. Nova York: MacGraw-Hill Book, 1974.

ONIANS, R.B. *The Origins of European Thought*. Cambridge: Cambridge University Press, 2000.

OTTO, W. *Teofania*: o espírito da religião dos gregos antigos. São Paulo: Odysseus, 2006.

_____. *Os deuses da Grécia*. São Paulo: Odysseus, 2005.

OVÍDIO. *Metamorfoses*. São Paulo: Martin Claret, 2004 [excertos traduzidos por Bocage].

PARACELSUS. *Selected Writings*. Princeton: Princeton University Press, 1995 [Bollingen Series, XXVIII].

PAZ, O. *A dupla chama*: amor e erotismo. São Paulo: Siciliano, 2001.

SARDELLO, R. *No mundo com alma* – Repensando a vida moderna. São Paulo: Ágora, 1997.

SARTRE, J.-P. *Esboço para uma teoria das emoções*. Porto Alegre: L&PM, 2010.

SELLS, B. (org.). *Working with Images*: the theoretical base of archetypal psychology. Woodstock, CT: Spring Publications, 2000.

ULLERSTAM, L. *As minorias eróticas*. Rio de Janeiro: Lidador, 1967.

VERNANT, J.-P. "Prometeu e a função técnica", "Trabalho e natureza na Grécia Antiga" e "Aspectos psicológicos do trabalho na Grécia Antiga". *Mito e pensamento entre os gregos*. Rio de Janeiro: Paz e Terra, 1990.

WILLIAMSON, G. *A Reader's Guide to T.S. Eliot*. Nova York: Farrar, Straus & Giroux, [s.d.].

Conecte-se conosco:

f facebook.com/editoravozes

◉ @editoravozes

X @editora_vozes

▶ youtube.com/editoravozes

☺ +55 24 2233-9033

www.vozes.com.br

Conheça nossas lojas:

www.livrariavozes.com.br

Belo Horizonte – Brasília – Campinas – Cuiabá – Curitiba
Fortaleza – Juiz de Fora – Petrópolis – Recife – São Paulo

EDITORA VOZES LTDA.
Rua Frei Luís, 100 – Centro – Cep 25689-900 – Petrópolis, RJ
Tel.: (24) 2233-9000 – E-mail: vendas@vozes.com.br